LE PETIT HO

CW00506840

Georges Simenon (1903-1... ...
le plus traduit dans le mon... ...
le journalisme et, sous d... ...
publiant un nombre incroyable de romans « populaires ». Dès 1931,
il crée sous son nom le personnage du commissaire Maigret, devenu
mondialement connu, et toujours au premier rang de la mythologie
du roman policier. Simenon rencontre immédiatement le succès, et
le cinéma s'intéresse dès le début à son œuvre. Ses romans ont été
adaptés à travers le monde en plus de 70 films, pour le cinéma, et
plus de 350 films de télévision. Il écrivit sous son propre nom
192 romans, dont 75 Maigret et 117 romans qu'il appelait ses
« romans durs », 158 nouvelles, plusieurs œuvres autobiographi-
ques et de nombreux articles et reportages. Insatiable voyageur, il
fut élu membre de l'Académie royale de Belgique.

GEORGES SIMENON

Le Petit Homme d'Arkhangelsk

PRESSES DE LA CITÉ

ISBN : 978-2-253-14278-2 – 1ʳᵉ publication LGF

1

Le départ de Gina

Il eut le tort de mentir. Il en eut l'intuition au moment où il ouvrait la bouche pour répondre à Fernand Le Bouc et c'est par timidité, en somme, par manque de sang-froid, qu'il ne changea pas les mots qui lui venaient aux lèvres.

Il dit donc :

— Elle est allée à Bourges.

Le Bouc demanda, tout en rinçant un verre derrière son comptoir :

— La Loute y est toujours ?

Il répondit sans le regarder :

— Je suppose.

Il était dix heures du matin et, comme c'était jeudi, le marché battait son plein. Dans l'étroit bistrot presque tout vitré de Fernand, au coin de l'impasse des Trois-Rois, cinq ou six hommes étaient debout au comptoir. A ce moment-là, il n'était pas important de savoir qui s'y trouvait mais cela allait le devenir et Jonas Milk, plus tard, s'efforcerait de situer chaque visage.

Près de lui était Gaston Ancel, le boucher aux pommettes rouges, au tablier ensanglanté, qui venait trois ou quatre fois par matinée avaler un

5

coup de blanc sur le pouce et qui avait ensuite une façon caractéristique de s'essuyer les lèvres. La voix forte, il plaisantait toujours et, dans la boucherie, taquinait les clientes tandis que Mme Ancel, à la caisse, s'excusait du vocabulaire de son mari.

Avec Ancel, une tasse de café à la main, se tenait Benaiche, l'agent de police préposé au marché, que tout le monde appelait Julien.

Un petit vieux, au veston verdâtre, dont les mains tremblaient, avait dû passer la nuit dehors, comme il le faisait la plupart du temps. On ne savait pas qui il était, ni d'où il venait, mais on s'était habitué à lui et il avait fini par faire partie du décor.

Qui étaient les autres ? Un ouvrier électricien que Jonas ne connaissait pas, avec quelqu'un à la poche bourrée de crayons, un contremaître ou le patron d'une petite entreprise.

Il ne retrouva jamais le sixième, mais il aurait juré qu'il y avait une silhouette entre lui et la fenêtre.

Aux tables, derrière les hommes, trois ou quatre marchandes de légumes vêtues de noir cassaient la croûte.

C'était l'atmosphère de tous les matins de marché, c'est-à-dire des mardis, jeudis et samedis. Ce jeudi-là, un clair et chaud soleil de juin frappait en plein les façades, tandis que sous le vaste toit du marché couvert les gens s'agitaient dans une pénombre bleuâtre autour des paniers et des étals.

Jonas n'avait pas voulu faire d'accroc à sa routine. Vers dix heures, comme sa boutique était vide de clients, il avait franchi les cinq mètres de trottoir qui le séparaient du bistrot de Fernand d'où, à travers les vitres, il pouvait

surveiller les boîtes de livres d'occasion instal-
lées contre sa devanture.

Il aurait pu ne pas ouvrir la bouche. Certains,
chez Fernand, s'approchaient du comptoir sans
un mot, car on savait ce qu'ils allaient prendre.
Pour lui, c'était invariablement un café-
expresso.

Il prononçait quand même, peut-être par
humilité, ou par un besoin de précision :

— Un café-expresso.

Presque tout le monde se connaissait et il
arrivait qu'on ne se dise pas bonjour, croyant
s'être déjà vus le matin même.

Fernand Le Bouc, par exemple, était debout
depuis trois heures du matin, pour l'arrivée des
camions, et Ancel le boucher, réveillé à cinq
heures, était déjà venu au moins deux fois au
bar.

Les boutiques se touchaient, autour du toit
d'ardoises du marché sans murs qu'enca-
draient, dans le ruisseau, des cageots et des
caisses défoncés, des oranges pourries, de la
paille de bois piétinée.

Les ménagères qui enjambaient ces détritus
n'imaginaient pas que la place, avant leur arrivée, bien avant leur réveil, avait déjà vécu, dans
le bruit des poids lourds et l'odeur du mazout,
des heures d'une existence fiévreuse.

Jonas regardait le café tomber goutte à goutte
du mince robinet chromé dans la tasse brune et
il avait une autre habitude : avant qu'on le
serve, il défaisait le papier transparent qui enve-
loppait ses deux morceaux de sucre.

— Gina va bien ? lui avait demandé Le Bouc.

Il avait d'abord répondu :

— Elle va bien.

Ce n'est qu'à cause de ce que Fernand dit ensuite qu'il se crut obligé de mentir.

— Je me demandais si elle était malade. Je ne l'ai pas aperçue ce matin.

Le boucher interrompit sa conversation avec l'agent de police pour remarquer :

— Tiens ! Je ne l'ai pas vue non plus.

Gina, d'habitude, en pantoufles, souvent non peignée, parfois enveloppée d'une sorte de robe de chambre à fleurs, faisait ses achats d'assez bonne heure, avant l'arrivée de la foule.

Jonas ouvrit la bouche et c'est alors qu'il ne put, malgré son instinct qui lui conseillait le contraire, changer les mots préparés :

— Elle est allée à Bourges.

Cela arrivait de temps en temps à sa femme d'aller à Bourges voir la Loute, comme on l'appelait, la fille des grainetiers d'en face, qui y vivait depuis deux ans. Mais presque toujours, et tout le monde devait le savoir, elle prenait le car de onze heures et demie.

Il s'en voulut de sa réponse, non seulement parce que c'était un mensonge et qu'il n'aimait pas mentir, mais parce que quelque chose lui disait qu'il avait tort. Il ne pouvait pourtant pas leur annoncer la vérité, il le pouvait d'autant moins que, d'un moment à l'autre, Palestri, le père de Gina, descendrait de son triporteur pour boire son petit verre.

Ce fut le boucher qui demanda, sans s'adresser à personne en particulier :

— Est-ce qu'en fin de compte on sait ce qu'elle fait à Bourges, la Loute ?

Et Fernand, indifférent :

— Sans doute la putain.

C'était curieux que le boucher, justement, se soit trouvé présent et ait participé à l'entretien, car sa propre fille, Clémence, l'aînée, celle qui était mariée, était plus ou moins mêlée à l'affaire.

Jonas buvait, à petites gorgées, son café très chaud dont la vapeur embuait ses lunettes, ce qui lui donnait un air différent de son air habituel.

— A tout à l'heure, dit-il en posant de la monnaie sur le linoléum du comptoir.

Personne n'avait touché aux livres des deux boîtes. C'était rare qu'il en vende pendant le marché et, le matin, il ne faisait guère que quelques échanges. Machinalement, il redressa l'alignement des ouvrages, jeta un coup d'œil à l'étalage et entra dans la boutique où régnait une douce odeur de poussière et de papier moisi.

Il n'avait pas osé se rendre, la nuit, chez Clémence, la fille du boucher, mais il l'avait vue tout à l'heure qui faisait son marché en poussant le bébé dans sa voiture.

Il s'était avancé vers elle, exprès.

— Bonjour, Clémence.

— Bonjour, monsieur Jonas.

Si elle lui disait monsieur, c'est qu'elle avait vingt-deux ans et qu'il en avait quarante. Elle était allée à l'école avec Gina. Toutes les deux étaient nées place du Vieux-Marché. Gina était la fille de Palestri, le marchand de légumes qui, pendant que sa femme tenait la boutique, effectuait les livraisons en triporteur.

— Beau temps ! avait-il encore lancé en observant Clémence à travers ses grosses lunettes.

— Oui. On dirait qu'il va faire chaud.

Il se pencha pour regarder le bébé, Poupou, qui était énorme.

— Il pousse ! remarqua-t-il gravement.

— Je crois qu'il commence sa première dent. Le bonjour à Gina.

Cela se passait vers neuf heures. En prononçant la dernière phrase, Clémence avait jeté un coup d'œil vers le fond de la boutique comme si elle s'attendait à apercevoir son amie dans la cuisine.

Elle n'avait pas paru embarrassée. Elle s'était dirigée, poussant la voiture de Poupou, vers l'épicerie Chaigne où elle était entrée.

Cela signifiait que Gina avait menti et Jonas en était à peu près sûr depuis la veille. Il avait fermé la boutique à sept heures, comme d'habitude, ou plutôt il avait fermé la porte sans retirer le bec-de-cane car, tant qu'il restait debout, il n'y avait pas de raison de rater un client et certains venaient, assez tard, échanger leurs livres en location. De la cuisine, on entendait la sonnerie que la porte déclenchait en s'ouvrant. La maison était étroite, une des plus anciennes de la place du Vieux-Marché, avec encore gravés, sur une des pierres, un écusson et la date 1596.

— Le dîner est prêt ! lui avait crié Gina en même temps qu'il entendait un rissolement dans la poêle.

— Je viens.

Elle portait une robe en coton rouge qui la moulait. Il n'avait jamais rien osé lui dire sur ce sujet-là. Elle avait de gros seins, des hanches plantureuses, et elle exigeait de sa couturière des robes collantes sous lesquelles elle ne portait qu'un slip et un soutien-gorge, de sorte que, quand elle bougeait, on voyait même le nombril se dessiner.

C'était du poisson qu'elle cuisait et, avant, il y

10

avait de la soupe à l'oseille. Ils ne mettaient pas de nappe, mangeaient sur la toile cirée et souvent Gina ne se donnait pas la peine d'employer les plats, se contentant de placer les casseroles sur la table.

Dehors, avec les étrangers, elle était gaie, l'œil vif et aguichant, la bouche rieuse, et elle riait d'autant plus qu'elle avait des dents éblouissantes.

C'était la plus belle fille du marché, tout le monde était d'accord là-dessus, même si certains émettaient quelques restrictions ou prenaient un air pincé quand il était question d'elle.

En tête à tête avec Jonas, son visage s'éteignait. Parfois la transformation se voyait au moment où elle franchissait le seuil de la boutique. Joyeuse, elle lançait une dernière plaisanterie à quelqu'un qui passait et, le temps de se retourner pour entrer dans la maison, ses traits perdaient toute expression, sa démarche n'était plus la même et, si elle roulait encore les hanches, c'était soudain avec lassitude.

Il leur arrivait de manger sans souffler mot, au plus vite, comme pour se débarrasser d'une corvée et il était encore à table qu'elle commençait, dans son dos, à laver la vaisselle dans l'évier.

Avaient-ils parlé ce soir-là ? Comme il ne savait pas encore, il n'y avait pas prêté attention mais il ne se souvenait pas d'une seule phrase prononcée.

La place du Vieux-Marché, si bruyante le matin, devenait très calme, le soir venu, et on n'entendait que les voitures passer dans la rue de Bourges, à plus de cent mètres, de temps en temps une mère qui, de son seuil, appelait ses enfants attardés sous le grand toit d'ardoises.

En lavant la vaisselle, elle avait annoncé :

— Je vais chez Clémence.

La fille aînée du boucher avait épousé un employé du service des eaux et cela avait été, deux ans plus tôt, un beau mariage auquel toute la place avait assisté. Elle s'appelait maintenant Reverdi et le jeune ménage occupait un appartement rue des Deux-Ponts.

Alors qu'il ne demandait pas d'explications à sa femme, elle avait ajouté, lui tournant le dos :

— On donne un film qu'ils ont envie de voir.

Cela arrivait, dans ces cas-là, que Gina aille garder le bébé qui n'avait que huit mois. Elle emportait un livre, prenait la clef et ne rentrait pas avant minuit, car les Reverdi assistaient à la seconde séance.

On n'avait pas encore allumé la lampe. Il venait assez de lumière par la fenêtre et la porte donnant sur la cour. L'air était bleuâtre, d'une immobilité impressionnante, comme souvent à la fin des très longues journées d'été. Des oiseaux piaillaient dans le tilleul de l'épicerie Chaigne, le seul arbre de tout le pâté de maisons au milieu d'une vaste cour encombrée de tonneaux et de caisses.

Gina était montée. L'escalier ne s'amorçait pas dans la cuisine, mais dans le cagibi séparant celle-ci de la boutique et que Jonas appelait son bureau.

Quand elle redescendit, elle n'avait ni manteau ni chapeau. D'ailleurs, elle ne portait de chapeau que pour se rendre à la messe du dimanche. Les autres jours, elle allait tête nue, ses cheveux bruns en désordre et, quand ils lui tombaient sur la joue, elle les renvoyait en arrière en secouant la tête.

— A tout à l'heure.

Il avait remarqué qu'elle tenait contre elle le grand sac à main rectangulaire, en cuir verni, qu'il lui avait offert pour son dernier anniversaire. Il avait failli la rappeler pour lui dire :

— Tu oublies d'emporter un livre.

Mais elle s'éloignait déjà sur le trottoir, d'une démarche vive, courant presque dans la direction de la rue des Prémontrés. Il était resté un certain temps sur le seuil, à la suivre des yeux, puis à respirer l'air encore tiède du soir et à regarder les lumières qui commençaient à s'allumer, à gauche, dans la rue de Bourges.

Qu'avait-il fait jusqu'à minuit ? Les boîtes de livres qu'il installait le matin sur le trottoir étaient rentrées. Il avait changé quelques ouvrages de place, sans raison importante, simplement pour assortir la couleur des couvertures. Il avait allumé l'électricité. Il y avait des livres partout, sur les rayons jusqu'au plafond, et, en piles, sur le comptoir, par terre dans les coins. C'étaient des livres d'occasion, presque tous usés, salis, réparés avec du papier gommé, et il en louait plus qu'il n'en vendait.

D'un côté de la pièce seulement, on voyait des reliures anciennes, des éditions du XVIIe et du XVIIIe siècle, un vieux La Fontaine publié en Belgique, une Bible en latin avec de curieuses gravures, les sermons de Bourdaloue, cinq exemplaires, de formats différents, du Télémaque, puis, en dessous, des collections plus récentes comme l'Histoire du Consulat et de l'Empire reliée en vert sombre.

Jonas ne fumait pas. A part du café, il ne buvait pas non plus. Il n'allait au cinéma, de temps en temps, que pour faire plaisir à Gina. Est-ce que cela faisait réellement plaisir à Gina ? Il n'en était pas sûr. Elle y tenait, cependant, comme elle tenait à prendre une loge, ce qui, dans son esprit, devait établir qu'elle était mariée.

Il ne lui en voulait pas. Il ne lui en voulait de rien, même à présent. De quel droit aurait-il exigé quoi que ce soit d'elle ?

Son cagibi-bureau, entre la boutique et la cuisine, n'avait pas de fenêtre, ne recevait d'air que par les deux portes et, ici aussi, il y avait des livres jusqu'au plafond. Mais ce qu'il y avait surtout, dans le meuble devant lequel il ne s'asseyait qu'avec un soupir de satisfaction, c'était des ouvrages de philatélie et ses timbres.

Car il n'était pas seulement bouquiniste. Il était marchand de timbres-poste. Et si sa boutique, coincée entre les magasins de victuailles du Vieux-Marché, ne payait pas de mine, les commerçants du quartier auraient été surpris d'apprendre que le nom de Jonas Milk était connu par des marchands et des collectionneurs du monde entier.

Dans un tiroir, à portée de main, étaient rangés des instruments de précision pour compter et mesurer les dents des timbres, étudier la pâte du papier, le filigrane, découvrir les défauts d'une impression ou d'une surcharge, dépister les maquillages.

Contrairement à la plupart de ses confrères, il achetait tout ce qui lui tombait sous la main, faisait venir des pays étrangers de ces enveloppes de cinq cents, de mille, de dix mille timbres qu'on vend aux débutants et qui sont théoriquement sans valeur.

Ces timbres-là, qui avaient pourtant passé

entre les mains de commerçants avisés, il les étudiait un à un, sans rien rejeter a priori, et il lui arrivait de temps à autre de faire une trouvaille.

Telle émission, par exemple, banale dans sa forme courante, devenait une rareté lorsque la vignette provenait d'une planche défectueuse ; telle autre, au cours des essais, avait été imprimée d'une couleur différente de la couleur définitive et les exemplaires constituaient des pièces rarissimes.

Presque tous les marchands, comme presque tous les collectionneurs, se cantonnent dans une époque, dans un type de timbres.

Jonas Milk, lui, s'était spécialisé dans les monstres, dans les timbres qui, pour une raison ou une autre, échappent à la règle.

Ce soir-là, la loupe à la main, il avait travaillé jusqu'à onze heures et demie. Un moment, il avait eu l'intention de fermer la maison pour aller à la rencontre de sa femme. Clémence et son mari n'habitaient qu'à dix minutes de là, dans une rue tranquille qui donnait sur le canal.

Il aurait aimé revenir lentement avec Gina le long des trottoirs déserts, même s'ils n'avaient rien trouvé à se dire.

Par crainte de la mécontenter, il ne donna pas suite à son projet. Elle aurait pu croire qu'il était sorti pour la surveiller, pour s'assurer qu'elle était bien allée chez Clémence ou qu'elle en revenait seule.

Il gagna la cuisine et alluma le réchaud à gaz afin de se préparer une tasse de café. Le café ne l'empêchait pas de dormir. Il en profita pour remettre de l'ordre, car sa femme n'avait même pas rangé les casseroles.

Il ne lui en voulait pas de cela non plus. La

maison, depuis qu'il était marié, était plus sale que quand il y vivait seul et qu'il y faisait presque tout le ménage. Il n'osait pas ranger, ni astiquer devant elle, par crainte qu'elle prenne cela pour un reproche, mais, quand elle était absente, il trouvait toujours quelque chose à nettoyer.

Aujourd'hui, par exemple, c'était la poêle, qu'elle n'avait pas pris le temps de laver et qui sentait le hareng.

Minuit sonna à l'église Sainte-Cécile, juste au fond du marché, au coin de la rue de Bourges. Il calcula, ce qu'il avait déjà fait d'autres fois, que le cinéma avait fini à onze heures et demie, et qu'il fallait à peine vingt minutes aux Reverdi pour regagner la rue des Deux-Ponts, qu'ils bavarderaient peut-être un moment avec Gina.

Celle-ci ne rentrerait donc pas avant minuit et demi et, laissant une seule lumière au rez-de-chaussée, il monta au premier, se demandant si sa femme avait emporté la clef. Il ne se souvenait pas de la lui avoir vue à la main. D'habitude, c'était un geste presque rituel de la glisser dans son sac au dernier moment.

Il en serait quitte pour descendre lui ouvrir, car il ne dormirait pas encore. Leur chambre était basse de plafond, avec une grosse poutre peinte en blanc dans le milieu et un lit en noyer, une armoire à glace à deux portes qu'il avait achetés à la salle de ventes.

Même ici, l'odeur des vieux livres montait, mêlée aux odeurs de cuisine, ce soir à l'odeur du hareng.

Il se déshabilla, se mit en pyjama et se lava les dents. De celle des deux fenêtres qui donnait sur la cour, il pouvait apercevoir, par-delà la cour des Chaigne, les fenêtres des Palestri, les parents de Gina. Ceux-ci étaient couchés. Eux aussi, comme tous au marché, se levaient avant le jour et il n'y avait de lumière qu'à la fenêtre de Frédo, le frère de Gina. Peut-être venait-il de rentrer du cinéma ? C'était un drôle de garçon, aux cheveux plantés bas sur le front, aux sourcils épais, qui regardait Jonas comme s'il ne lui pardonnait pas d'avoir épousé sa sœur.

A minuit et demi, celle-ci n'était pas rentrée et Milk, couché, mais n'ayant pas quitté ses lunettes, regardait le plafond avec une patience mélancolique.

Il n'était pas encore inquiet. Il aurait pu l'être, car c'était arrivé qu'elle ne rentre pas et, une fois, elle était restée trois jours absente.

Au retour, elle ne lui avait fourni aucune explication. Elle ne devait pas être fière, au fond. Ses traits étaient tirés, ses yeux las, on aurait dit qu'elle apportait avec elle des odeurs étrangères, mais en passant devant lui, elle ne s'en était pas moins redressée pour le regarder avec défi.

Il ne lui avait rien dit. A quoi bon ? Que lui aurait-il dit ? Il s'était montré, au contraire, plus doux, plus attentif que d'habitude, et, deux soirs plus tard, c'était elle qui avait proposé une promenade le long du canal et avait accroché la main à son bras.

Elle n'était pas méchante. Elle ne le détestait pas, comme son frère Frédo. Il était persuadé qu'elle faisait son possible pour être une bonne femme et qu'elle lui était reconnaissante de l'avoir épousée.

Deux ou trois fois, il tressaillit en entendant du bruit, mais c'étaient les souris, en bas, dont il n'essayait plus de se débarrasser. Tout autour du marché, où régnaient de si bonnes odeurs, où s'entassaient tant de victuailles savoureuses, les murs étaient minés de galeries qui constituaient pour les rongeurs une ville secrète.

Heureusement, rats et souris trouvaient assez de subsistance ailleurs pour ne pas être tentés de s'attaquer aux livres, de sorte que Jonas ne s'inquiétait plus. Parfois, les souris se promenaient dans la chambre alors que Gina et lui étaient couchés, elles venaient jusqu'au pied du lit, curieuses, eût-on dit, de voir des humains dormir, et la voix humaine ne les effrayait plus.

Une moto s'arrêta de l'autre côté de la place, celle du fils Chenu, de la poissonnerie, puis le silence se rétablit et l'horloge de l'église piqua le quart, puis une heure, et alors seulement Jonas se leva pour se diriger vers la chaise à fond de paille où il avait posé ses vêtements.

La première fois que c'était arrivé, il avait couru la ville, honteux, fouillant du regard les coins sombres, regardant par la vitre du seul bar encore ouvert dans le quartier de l'usine.

Aujourd'hui, il y avait une explication possible. Peut-être Poupou, le bébé de Clémence, était-il malade et Gina était-elle restée pour donner un coup de main ?

Il s'habilla, espérant toujours, descendit l'escalier, jeta à tout hasard un coup d'œil à la cuisine qui était vide et qui sentait le hareng refroidi. Il prit son chapeau en passant dans son bureau, sortit de la maison dont il referma la porte derrière lui.

Et si Gina n'avait pas la clef ? Si elle rentrait pendant son absence ? Si elle revenait de chez Clémence par un autre chemin ?

Il préféra tourner à nouveau la clef dans la serrure, de façon qu'elle puisse rentrer. Le ciel était clair au-dessus du vaste toit d'ardoises,

avec quelques nuages que la lune faisait scin-
tiller. Un couple, assez loin, marchait dans la
rue de Bourges et l'air avait une telle résonance
que, malgré la distance, on entendait les moindres propos échangés.

Jusqu'à la rue des Deux-Ponts, il ne rencontra
personne, ne vit qu'une fenêtre éclairée,
quelqu'un, peut-être, qui attendait comme lui,
ou un malade, un agonisant ?

Il était gêné du bruit de ses semelles sur le
pavé et cela lui donnait l'impression d'être un
intrus.

Il connaissait la maison des Reverdi, la
seconde à gauche après le coin, et tout de suite
il vit qu'il n'y avait aucune lumière à l'étage que
le jeune ménage occupait.

A quoi bon sonner, déclencher un vacarme,
susciter des questions auxquelles personne ne
pourrait répondre ?

Gina allait peut-être rentrer malgré tout. Il
était plus que probable qu'elle avait menti,
qu'elle n'était pas venue chez Clémence, que
celle-ci et son mari n'étaient pas allés au
cinéma.

Il se souvenait qu'elle n'avait pas emporté de
livre comme elle le faisait quand elle allait garder Poupou et cela l'avait frappé aussi qu'elle
prenne son sac en verni noir.

Sans raison, il resta bien cinq minutes au
bord du trottoir, à regarder les fenêtres derrière
lesquelles des gens dormaient, puis il s'éloigna
comme sur la pointe des pieds.

Quand il atteignit la place du Vieux-Marché,
un premier camion, énorme, qui venait de Moulins, bouchait presque la rue des Prémontrés et
le chauffeur dormait, la bouche ouverte, dans la
cabine.

Dès le seuil, il appela :

— Gina !

Comme pour conjurer le sort, il s'efforçait de parler d'une voix naturelle, sans angoisse.

— Tu es là, Gina ?

Il referma la porte et mit la barre, hésita à se faire une nouvelle tasse de café, décida que non et monta dans sa chambre où il se recoucha.

S'il dormit, il n'en eut pas conscience. Il avait laissé la lampe allumée, sans raison, et une heure s'écoula avant qu'il retirât ses lunettes sans lesquelles il ne voyait qu'un univers vague et flou. Il entendit d'autres camions arriver, des portières qui claquaient, des caisses, des cageots qu'on empilait sur le carreau.

Il entendit aussi Fernand Le Bouc qui ouvrait son bar, puis les premières camionnettes des revendeurs.

Gina n'était pas rentrée. Gina ne rentrait pas.

Il dut s'assoupir puisqu'il ne vit pas la transition entre la nuit et le jour. A un moment, c'était encore l'obscurité que perçaient les lumières du marché, puis soudain il y avait eu du soleil dans la chambre et sur son lit.

D'une main hésitante, il tâta la place à côté de lui et, naturellement, la place était vide. D'habitude, Gina était chaude, couchée en chien de fusil, et elle avait une forte odeur de femelle. Il lui arrivait, dans son sommeil, de se retourner brusquement, une cuisse par-dessus celle de Jonas, et de la serrer en respirant de plus en plus fort.

Il décida de ne pas descendre, de ne pas se lever avant l'heure, de suivre la routine de tous les jours. Il ne se rendormit pas et, pour s'occuper l'esprit, il resta attentif aux bruits du marché qu'il s'efforçait d'identifier avec la minutie qu'il mettait à dépister les caractéristiques d'un timbre-poste.

Il était presque né ici, lui aussi. Pas tout à fait. Pas comme les autres. Mais ils l'interpellaient, le matin, comme ils s'interpellaient entre eux, avec la même familiarité bonhomme, et il avait pour ainsi dire sa place au comptoir de Le Bouc.

Deux fois, il entendit la voix d'Ancel, le boucher, sur le trottoir, discutant avec un homme qui lui livrait des quartiers de bœuf, et il y avait une histoire de moutons qui le mettait en colère. L'épicerie Chaigne, à côté, ouvrait plus tard, et la maison suivante était celle des Palestri où Angèle, la mère de Gina, était déjà au travail.

C'était elle qui s'occupait du commerce. Louis, son mari, était un brave homme, mais il ne pouvait s'empêcher de boire. Alors, pour l'occuper, on lui avait acheté un triporteur et il faisait les livraisons, non seulement pour son magasin, mais pour les gens du marché qui n'avaient pas de moyen de transport.

Cela l'humiliait. Il ne l'avouait pas. D'un côté, il était content d'être toute la journée hors de chez lui, pour pouvoir boire à son aise. Mais, d'un autre côté, il n'était pas dupe, comprenait qu'il ne comptait pas, qu'il n'était plus le vrai chef de la famille et cela le poussait à boire davantage.

Qu'est-ce qu'Angèle aurait dû faire ? Jonas se l'était demandé et n'avait pas trouvé de réponse.

Gina ne respectait pas son père. Quand il venait la voir, entre deux courses, elle posait sur la table la bouteille de vin et un verre en disant :

— Tiens ! C'est ça que tu veux ?

Il feignait de rire, de croire à une plaisanterie. Il savait que c'était sérieux et pourtant ne résistait pas au besoin de remplir son verre, quitte à lancer en partant :

— Toi, tu es une vraie garce !

Jonas essayait de n'être pas là quand cela arrivait. Devant lui, Palestri se sentait plus humilié encore et c'était peut-être une des raisons pour lesquelles il lui en voulait presque autant que son fils.

Il se leva à six heures, descendit préparer son café. C'était toujours lui qui descendait le premier et, l'été, il commençait par ouvrir la porte de la cour. Souvent, on ne voyait Gina en bas que vers sept heures et demie ou même huit heures, alors que le magasin était déjà ouvert.

Elle aimait traîner en peignoir et en savates, le visage luisant de la sueur de la nuit, et cela ne la gênait pas d'être vue ainsi par des étrangers, elle allait se camper sur le seuil, passait devant chez Chaigne pour aller dire bonjour à sa mère, revenait avec des légumes ou des fruits.

— Salut, Gina !

— Salut, Pierrot !

Elle connaissait tout le monde, les grossistes, les revendeurs, les chauffeurs de poids lourds comme aussi les femmes de la campagne qui venaient vendre les produits de leur jardin et de leur basse-cour. Toute petite, le derrière nu, elle s'était faufilée entre les caisses et les paniers.

Maintenant, ce n'était plus une petite fille. C'était une femme de vingt-quatre ans et son amie Clémence avait un enfant, d'autres en avaient deux ou trois.

Elle n'était pas rentrée et Jonas, avec des gestes mesurés, installait ses boîtes devant la vitrine, redressait les étiquettes avec les prix et allait à la boulangerie d'en face acheter des croissants. Il en prenait toujours cinq, trois pour lui, deux pour sa femme, et, quand on les lui enveloppa d'office dans du papier de soie brun, il ne protesta pas.

Il en serait quitte pour jeter les deux croissants en trop, et c'est de là que lui vint l'idée de ne rien dire, ce qui signifiait, dans son esprit, de ne pas avouer que Gina était partie sans l'avertir.

D'ailleurs, était-elle vraiment partie ? Elle ne portait, en sortant le soir, que sa robe rouge en coton, n'avait avec elle que son sac de cuir verni.

Elle pouvait revenir dans le courant de la journée, à tout moment. Peut-être était-elle déjà là ?

Une fois encore, il essaya la conjuration.

— Gina ! appela-t-il en rentrant, d'une voix presque joyeuse.

Puis il mangea seul, sur un coin de la table de cuisine, lava sa tasse, son assiette et ramassa les miettes de croissant. Par acquit de conscience, il alla au premier étage s'assurer que la valise de sa femme était toujours dans le placard. Elle ne possédait que celle-là. Elle aurait pu, la veille, alors qu'il était chez Le Bouc, par exemple, à prendre son café, sortir la valise de la maison et la déposer n'importe où.

La facteur passa et cela l'occupa un certain temps de lire le courrier, de jeter un coup d'œil superficiel sur des timbres qu'il avait commandés au Caire.

Il fut tout de suite dix heures et il alla, comme les autres matins, chez Fernand Le Bouc.

— Gina va bien ?

— Elle va bien.

— Je me demandais si elle était malade. Je ne l'ai pas aperçue ce matin.

Pourquoi n'avait-il pas répondu n'importe quoi, sauf :

— *Elle est allée à Bourges.*

Il s'en voulait de cette maladresse-là. Elle pouvait revenir dans une demi-heure, dans une heure, et de quoi, alors, sa réponse aurait-elle l'air ?

Une gamine qui vendait des fleurs non loin de la boutique vint en coup de vent échanger son livre, comme elle le faisait chaque matin, car elle lisait un roman par jour.

— C'est bien, celui-ci ?

Il dit oui. Elle choisissait toujours le même genre de livres dont les couvertures bariolées étaient garantes du contenu.

— Gina n'est pas ici ?

— Pas pour le moment.

— Elle va bien ?

— Oui.

Une idée lui vint soudain, qui le fit rougir, car il avait honte de se méfier des gens, de ce qu'il appelait des mauvaises pensées à leur égard. La petite fleuriste à peine sortie, il monta dans sa chambre, ouvrit l'armoire à glace au fond de laquelle, sous les vêtements qui pendaient, les siens et ceux de Gina, il gardait un coffre en acier acheté chez Viroulet.

Le coffre était à sa place et il fallut un effort à Jonas pour aller plus avant, prendre la clef dans sa poche et l'introduire dans la serrure.

Si Gina était rentrée à ce moment-là, il se serait peut-être évanoui de honte.

Mais Gina ne rentra pas et elle ne devait sans doute pas rentrer de sitôt.

Les enveloppes transparentes qui contenaient ses timbres les plus rares, entre autres le Trinité bleu de cinq *cents*, de 1847, à l'effigie du steamer *Lady McLeod*, avaient disparu.

2

Les noces de Jonas

Il était encore debout devant l'armoire à glace, des perles de sueur au-dessus de la lèvre, quand il entendit des pas dans la boutique, puis dans le cagibi. C'était rare, l'été, qu'il ferme la porte extérieure, car la maison, toute en profondeur, manquait d'aération. Immobile, il s'attendait à entendre la voix d'un client ou d'une cliente lancer :

— Quelqu'un !

Mais les pas continuaient jusqu'à la cuisine, où le visiteur s'attardait avant de revenir au pied de l'escalier. C'étaient des pas d'homme, lourds, un peu traînants, et Jonas, figé, se demandait si l'inconnu allait monter quand la voix rugueuse de son beau-père lança dans la cage d'escalier :

— Tu es là, Gina ?

Pourquoi fut-il saisi de panique, comme s'il était pris en faute ? Sans refermer le coffre d'acier, il rabattit les portes de l'armoire, hésitant à descendre ou à laisser croire qu'il n'y avait personne dans la maison. Un pied se posa sur la première marche. La voix reprit :

— Gina !

Alors seulement il balbutia :

— Je descends.

Avant de quitter la chambre, il eut le temps de voir dans la glace que son visage avait rougi.

A cette heure-ci, pourtant, Palestri n'était pas ivre. Même le soir, il ne l'était jamais au point de tituber. Tôt le matin, ses yeux étaient un peu rouges, brouillés, son air abattu mais, après un ou deux verres de marc, ou plutôt de *grappa*, qui est le marc d'Italie, on le voyait plus d'aplomb.

Il ne buvait pas que de la *grappa*, que Le Bouc achetait exprès pour lui, mais tout ce qu'on voulait bien lui offrir ou ce qu'il trouvait dans les autres bars où il s'arrêtait.

Ses prunelles, quand Jonas descendit, commençaient à peine à être brillantes, son teint animé.

— Où est Gina ? questionna-t-il en regardant vers la cuisine où il s'était attendu à la trouver.

Cela le surprenait aussi de voir son gendre descendre de l'étage alors qu'il n'y avait personne au rez-de-chaussée et il semblait attendre une explication. Jonas n'avait pas eu le temps de réfléchir. C'était comme tout à l'heure chez Fernand, il était pris de court. Et, puisqu'une fois déjà, il avait parlé de Bourges, ne valait-il pas mieux continuer ?

Il éprouvait le besoin de se défendre, alors qu'il n'avait rien fait. Palestri l'impressionnait par sa rudesse, par son grand corps resté sec et noueux.

Il balbutia :

— Elle est allée à Bourges.

Il sentait bien qu'il n'était pas convaincant, que son regard, derrière les verres épais, avait l'air de fuir le regard de son interlocuteur.

— Voir la Loute ?

— C'est ce qu'elle m'a dit.

— Elle est passée embrasser sa mère ?

— Je ne sais pas...

Lâchement, il se dirigeait vers la cuisine et, comme Gina en avait l'habitude, prenait la bouteille de vin rouge dans l'armoire, la posait sur la toile cirée de la table à côté d'un verre.

— Quand est-elle partie ?

Plus tard il devait se demander pourquoi, dès ce moment-là, il avait agi comme un coupable. Il se souvint par exemple de la valise de sa femme, dans le placard. Si elle était partie la veille pour voir son amie, elle aurait emporté cette valise. Il fallait donc qu'elle ait quitté la maison le jour même.

C'est pourquoi il répondit :

— Ce matin.

Louis avait tendu la main vers le verre qu'il s'était rempli, mais on aurait dit que, méfiant, il hésitait à boire.

— Par le car de sept heures dix ?

Il n'y avait que celui-là avant le car de onze heures et demie, qui n'était pas encore passé. Jonas était donc forcé de répondre oui.

C'était stupide ; il s'empêtrait dans un réseau de mensonges qui, eux-mêmes, en appelaient d'autres et dont il ne sortirait jamais. A sept heures du matin, le marché était presque désert. C'était le moment creux, entre les grossistes et la clientèle de détail. La mère de Gina aurait sûrement vu passer sa fille et, d'ailleurs, celle-ci serait entrée dans la boutique pour l'embrasser.

D'autres l'auraient aperçue aussi. Il existe des rues où les gens vivent dans leur maison comme dans un compartiment étanche et où chacun connaît à peine son voisin. La place du Vieux-

Marché était différente, c'était un peu comme une caserne où les portes restaient ouvertes et où on connaissait heure par heure les activités de la famille d'à côté.

Pourquoi Palestri observait-il son gendre d'un air soupçonneux ? N'était-ce pas parce que celui-ci avait l'air de mentir ? Il vida quand même son verre, d'un trait, s'essuya la bouche de son geste familier qui ressemblait à celui du boucher, mais il ne partait pas encore, il regardait la cuisine autour de lui, et Jonas croyait comprendre la raison de son froncement de sourcils.

Il y avait quelque chose de pas naturel, ce matin-là, dans l'atmosphère de la maison. Elle était trop en ordre. Rien ne traînait, on ne sentait pas ce débraillé que Gina laissait toujours derrière elle.

— Salut ! se décida-t-il à grommeler en se dirigeant vers la boutique.

Il ajouta comme pour lui-même :

— Je vais dire à sa mère qu'elle est partie. Elle rentre quand ?

— Je ne sais pas.

Jonas aurait-il mieux fait de le rappeler pour lui avouer la vérité, lui annoncer que sa fille était partie en emportant ses timbres de valeur ?

Ceux d'en bas, dans les tiroirs du bureau, n'étaient que le tout-venant, les timbres qu'il achetait par pleines enveloppes et ceux, déjà triés, qu'il échangeait ou qu'il vendait à des collégiens.

La cassette, au contraire, contenait la veille encore une véritable fortune, les timbres rares qu'il avait découverts, à force de patience et de flair, en plus de vingt-cinq ans, car il avait commencé à s'intéresser aux timbres dès le lycée.

Une seule vignette, la perle de sa collection, un timbre français de 1849 représentant la tête de Cérès sur fond vermillon vif, valait, au prix de catalogue, six cent mille francs.

Le timbre de la Trinité, au steamer *Lady McLeod*, était coté trois cent mille et il en possédait d'autres de valeur, comme le Porto-Rico rose de deux pesetas surchargé d'un paraphe dont on lui offrait trente-cinq mille francs.

Il n'avait jamais calculé la valeur totale de sa collection, mais elle ne représentait pas moins d'une dizaine de millions.

Les gens du Vieux-Marché ne soupçonnaient pas cette richesse. Il n'en parlait à personne et cela ne le gênait pas de passer pour un maniaque.

Un soir, pourtant, qu'un des catalogues traînait sur le bureau, Gina s'était mise distraitement à le feuilleter.

— Qu'est-ce que cela signifie, *double-surcharge* ?

Il le lui avait expliqué.

— Et *bistr-ol* ?

— Couleur bistre et olive.

— Et *2 p* ?

— Deux pesetas.

Les abréviations l'intriguaient.

— C'est compliqué ! avait-elle soupiré.

Elle était sur le point de refermer le catalogue quand elle avait posé une dernière question.

— Et le chiffre 4 000, dans cette colonne-ci ?

— La valeur du timbre.

— Tu veux dire que ce timbre vaut quatre mille francs ?

Il avait souri.

— Mais oui.

— Tous les chiffres de la colonne représentent la valeur des timbres ?

— Oui.

Elle avait feuilleté le catalogue avec plus d'intérêt.

— Je lis ici 700 000. Cela existe, des timbres de sept cent mille francs ?

— Oui.

— Tu en as ?

— Je n'ai pas celui-là, non.

— Tu en as d'autres aussi chers ?

— Pas tout à fait.

— De très chers ?

— D'assez chers.

— C'est pour cela que tu as acheté un coffre de fer ?

Cela se passait l'hiver précédent et il se souvenait qu'il neigeait dehors, qu'on voyait un bourrelet blanc au-dessous des vitres. Le poêle ronflait dans le cagibi. Il devait être huit heures du soir.

— Ben alors !

— Quoi ?

— Rien. Je ne me doutais pas de ça.

Place du Vieux-Marché, il passait pour avoir de l'argent et il aurait été difficile de retrouver comment était née cette rumeur. Cela tenait peut-être à ce qu'il était resté longtemps célibataire ? Les gens du peuple imaginent naturellement qu'un célibataire met de l'argent de côté. En outre, avant d'épouser Gina, il prenait ses repas au restaurant, chez Pépito, un autre Italien, la première maison dans la rue Haute, après l'épicerie Grimoux-Marmion qui faisait le coin de la place.

Sans doute, pour ces détaillants dont la

boutique ne désemplissait pas de la journée, faisait-il figure d'amateur. Peut-on vraiment gagner sa vie à acheter, à vendre et à louer de vieux livres ? Ne se passait-il pas parfois une heure, et même deux, sans qu'un client entrât dans sa boutique ?

Donc, puisqu'il vivait, puisque, en outre, il avait une femme de ménage deux heures par jour et, le samedi, toute une demi-journée, c'est qu'il avait de l'argent.

Gina avait-elle été déçue qu'il ne change rien à son train de vie après l'avoir épousée ? S'était-elle attendue à une autre existence ?

Il ne s'était pas posé la question, et maintenant seulement, il se rendait compte qu'il avait vécu sans se préoccuper de ce qui se passait autour de lui.

S'il regardait dans le tiroir-caisse, où il gardait l'argent dans un gros portefeuille gris d'usure, allait-il y trouver le compte ? Il était presque sûr du contraire. C'était arrivé à Gina de chiper de petites sommes, à la façon des enfants qui ont envie de s'acheter des bonbons. Au début, elle se contentait de quelques pièces de cent francs, qu'elle prenait dans la boîte compartimentée où il rangeait la monnaie.

Plus tard, elle s'était risquée à ouvrir le portefeuille et il avait constaté de temps en temps qu'un billet de mille francs manquait.

Or, il lui donnait suffisamment d'argent pour le ménage, ne lui refusait jamais une robe, du linge, des souliers.

Peut-être, au début, avait-elle agi par manie et il la soupçonnait d'avoir pris de l'argent de même dans le tiroir-caisse de ses parents quand elle vivait avec eux. A cette époque, seulement, cela devait être plus difficile, car Angèle, malgré

31

ses airs de joyeuse matrone, avait l'œil à l'argent.

Il n'en avait jamais parlé à Gina. Il y avait beaucoup réfléchi et avait fini par conclure que c'était pour son frère qu'elle volait de la sorte. Elle était de cinq ans plus âgée que lui et, pourtant, on sentait entre eux l'affinité qu'on ne rencontre d'habitude que chez les jumeaux. On aurait même dit, parfois, que Frédo était amoureux de sa sœur et que celle-ci le lui rendait.

Il leur suffisait, n'importe où, d'échanger un regard pour se comprendre et, si Gina fronçait les sourcils, son frère devenait aussi inquiet qu'un amant.

Est-ce pour cela qu'il n'aimait pas Jonas ? Au mariage, il avait été le seul à ne pas le féliciter et il était parti au beau milieu du repas de noces. Gina avait couru après lui. Ils avaient chuchoté longtemps tous les deux dans le couloir de l'Hôtel du Commerce où avait lieu le banquet. Lorsqu'elle était revenue, encore vêtue de satin blanc, on voyait qu'elle avait pleuré et elle s'était tout de suite versé une coupe de champagne.

A cette époque-là, Frédo n'avait que dix-sept ans. Leur mariage avait eu lieu deux semaines avant celui de Clémence Ancel, qui était demoiselle d'honneur.

Résigné, il ouvrit le tiroir avec sa clef, prit le portefeuille et constata, contre son attente, qu'il ne manquait pas un seul billet.

C'était explicable. Il n'avait pas réfléchi. La veille, Gina n'était partie qu'après le dîner et, jusqu'au dernier moment, il aurait pu avoir à ouvrir le tiroir-caisse. Pour les timbres, il en était autrement, car il était parfois une semaine sans toucher à la cassette d'acier.

Il restait des détails qu'il ne comprenait pas,

mais c'étaient des détails matériels sans grande importance. Par exemple, il portait toujours ses clefs dans la poche de son pantalon, attachées à une chaînette en argent. Quand sa femme était-elle parvenue à s'en emparer à son insu ? Pas la nuit, car il avait le sommeil plus léger qu'elle et, d'autre part, le matin, il descendait le premier. Parfois, il est vrai, afin de ne pas la réveiller, il descendait en pyjama et en robe de chambre pour préparer son café. Ce n'était pas arrivé la veille, mais l'avant-veille, et il n'avait pas touché à la cassette depuis.

— Vous n'auriez pas un livre sur l'élevage des abeilles, monsieur ?

C'était un garçon d'une douzaine d'années qui venait d'entrer et qui parlait d'une voix décidée, le visage piqueté de taches de rousseur, ses cheveux cuivrés étincelant au soleil.

— Tu as l'intention d'élever des abeilles ?

— J'ai trouvé un essaim dans un arbre du potager et mes parents me permettent de construire une ruche, à condition que ce soit avec mon argent.

Jonas aussi était d'un blond roux, avec des taches de son à la racine du nez. Mais, à l'âge du gamin, il devait déjà porter des verres aussi épais qu'à présent.

Il s'était parfois demandé si, à cause de sa myopie, il voyait les choses et les hommes de la même façon que les autres. Cette question l'intriguait. Il avait lu, en particulier, que les différentes espèces d'animaux ne nous voient pas tels que nous sommes mais tels que leurs yeux nous montrent à eux, que, pour certains, nous avons dix fois notre taille, ce qui les rend si peureux à notre approche.

Ne se produit-il pas le même phénomène avec

un myope, même si sa vue est plus ou moins corrigée par des verres ? Sans lunettes, l'univers n'était pour lui qu'un nuage plus ou moins lumineux dans lequel flottaient des formes si inconstantes qu'il n'était pas sûr de pouvoir les toucher.

Ses verres, au contraire, lui révélaient les détails des objets et des visages comme s'il les eût regardés à la loupe ou comme s'ils eussent été gravés au burin.

Est-ce que cela le faisait vivre dans un monde à part ? Est-ce que ces verres-là, sans lesquels il tâtonnait, étaient une barrière entre lui et le monde extérieur ?

Dans un rayon de livres sur les animaux, il finit par en trouver un qui traitait des abeilles et des ruches.

— Ceci te convient ?

— C'est cher ?

Il regarda, au dos, le prix écrit au crayon.

— Cent francs.

— Vous me le donneriez, si je vous payais la moitié la semaine prochaine ?

Jonas ne le connaissait pas. Il n'était pas du quartier. C'était un garçon de la campagne dont la mère avait sans doute apporté des légumes ou des poules au marché.

— Tu peux le prendre.

— Merci, monsieur. Je viendrai jeudi prochain sans faute.

La clientèle, dehors, dans le soleil de la rue et dans l'ombre du marché couvert, avait changé insensiblement. Tôt le matin, on voyait surtout des femmes du peuple qui faisaient leurs achats après avoir conduit leurs enfants à l'école. C'était l'heure aussi des camionnettes des hôtels et des restaurants.

Vers neuf heures, déjà, surtout vers dix heures, les acheteuses étaient mieux vêtues, et à onze heures du matin, certaines se faisaient accompagner de leur bonne pour porter les paquets.

La paille de bois, dans le ruisseau, à force d'être piétinée, perdait sa couleur dorée pour devenir brune et visqueuse et elle se mélangeait maintenant de fanes de poireaux, de carottes, de têtes de poissons.

Gina n'avait pas emporté de vêtements de rechange, pas de linge, pas même de manteau, alors que les nuits étaient encore fraîches.

Si elle avait eu l'intention de rester en ville, d'autre part, aurait-elle eu l'audace de lui prendre ses timbres les plus précieux ?

Après sept heures, le soir, il n'y avait plus de car pour Bourges, ni pour nulle part ailleurs, seulement, à 8 h 52, un train qui donnait la correspondance pour Paris et, à 9 h 40, l'omnibus de Moulins.

Les employés de la gare la connaissaient, mais il n'osait pas aller les questionner. C'était trop tard. Par deux fois, il avait parlé de Bourges et il était obligé de s'y tenir.

Pourquoi avait-il agi ainsi ? Il ne s'en rendait pas compte. Ce n'était pas par crainte du ridicule, car tout le monde savait, non seulement place du Vieux-Marché, mais en ville, que Gina avait eu de nombreux amants avant de l'épouser. On ne devait pas ignorer non plus que, depuis son mariage, elle avait fait plusieurs fugues.

N'était-ce pas une pudeur qui l'avait poussé à répondre, à Le Bouc d'abord, puis à Palestri :

— Elle est allée à Bourges.

Une pudeur qui tenait de la timidité ? Ce qui

se passait entre Gina et lui ne regardait personne et il se croyait le dernier à avoir le droit d'en parler.

Sans la disparition des timbres, il aurait attendu toute la journée, puis la nuit, espérant la voir rentrer d'un moment à l'autre comme une chienne qui a couru.

La chambre, là-haut, n'était pas faite, la cassette pas refermée, et il monta, arrangea son lit aussi méticuleusement que quand il était célibataire et que la femme de ménage était absente.

C'est comme femme de ménage que Gina était entrée dans la maison. Avant elle, il en avait une autre, la vieille Léonie, qui, à soixante-dix ans, faisait encore ses huit ou neuf heures par jour chez différents clients. Ses jambes avaient fini par enfler. Les derniers temps, elle pouvait à peine monter les escaliers et, comme ses enfants, qui habitaient Paris, ne se souciaient pas de la prendre en charge, le Dr Joublin l'avait fait entrer à l'asile.

Pendant un mois, Jonas était resté sans personne et cela ne le gênait pas trop. Il connaissait Gina comme tout le monde, pour l'avoir vue passer, pour lui avoir vendu de temps en temps un livre. A cette époque-là, elle se montrait provocante avec lui comme avec tous les hommes et il rougissait chaque fois qu'elle entrait dans son magasin, surtout l'été, car il lui semblait alors qu'elle laissait derrière elle un peu de l'odeur de ses aisselles.

— Vous n'avez toujours personne ? lui avait demandé Le Bouc un matin qu'il prenait son café dans le petit bar.

Il n'avait jamais compris pourquoi Le Bouc, et les autres de la place, ne le tutoyaient pas, car

36

ils se tutoyaient presque tous, s'appelaient par leur prénom.

On ne l'appelait pas Milk, néanmoins, à croire que ce n'était pas son nom, ni monsieur Milk, mais presque toujours monsieur Jonas.

Et pourtant, à l'âge de deux ans, il habitait sur la place, juste à côté de la boucherie Ancel, et c'était son père qui avait transformé la poissonnerie « A la Marée », maintenant tenue par les Chenu.

Cela ne tenait pas non plus à ce qu'il n'était pas allé à l'école communale, comme la plupart, mais dans une école privée, puis au lycée. La preuve, c'est qu'on appelait déjà son père monsieur Constantin.

Fernand lui avait demandé :

— Vous n'avez toujours personne ?

Il avait répondu non, et Le Bouc s'était penché par-dessus son comptoir.

— Vous devriez en toucher deux mots à Angèle.

Il avait été si surpris qu'il avait questionné, comme s'il avait pu y avoir deux Angèle :

— La marchande de légumes ?

— Oui. Elle a des ennuis avec Gina. Elle n'arrive à rien en faire. Je crois que cela ne lui déplairait pas de la voir travailler dehors, pour que quelqu'un la dresse.

Jusqu'alors, Gina avait plus ou moins aidé sa mère dans la boutique d'où elle s'échappait à chaque occasion.

— Vous ne voulez pas lui parler, vous ? avait proposé Jonas.

Cela lui paraissait incongru, presque indécent de sa part, à lui, célibataire, bien qu'il fût sans arrière-pensée, d'aller demander à une femme comme Angèle de lui confier sa fille deux ou trois heures par jour.

— J'en dirai deux mots à son père. Non ! Il vaut mieux que je voie Angèle. Je vous donnerai la réponse demain.

A son grand étonnement, le lendemain, la réponse était oui, ou presque oui, et il en avait été un peu effrayé. Angèle avait répondu à Le Bouc, exactement :

— *Dis à ce Jonas que j'irai le voir.*

Elle était venue, une fin d'après-midi, à l'heure creuse, avait tenu à visiter la maison et avait discuté des gages.

— Vous ne voulez pas qu'elle vous prépare votre déjeuner aussi ?

Cela changeait ses habitudes et il ne renonçait pas sans regret à aller, à midi et demi, s'asseoir dans le petit restaurant de Pépito, où il avait son casier de serviette et sa bouteille d'eau minérale.

— Vous comprenez, si elle travaille, autant que cela en vaille la peine. Il est temps qu'elle se mette à la cuisine et, chez nous, à midi, on n'a guère le temps de manger autre chose que du saucisson ou du fromage.

Est-ce que Gina, au début, ne lui en avait pas voulu de l'avoir engagée ? On aurait dit qu'elle faisait tout ce qu'elle pouvait pour se rendre insupportable afin qu'il la mette à la porte.

Après une semaine, elle travaillait chez lui de neuf heures du matin à une heure. Angèle avait décidé alors :

— C'est ridicule de cuisiner pour une seule personne. Pour deux, cela ne revient pas plus cher. Autant qu'elle déjeune chez vous et qu'elle fasse la vaisselle avant de partir.

Du coup, sa vie avait changé. Il ne savait pas

tout, car il n'écoutait pas les commérages, peut-être aussi parce qu'on ne parlait pas librement devant lui. Il ne comprenait pas, au début, pourquoi Gina était toujours abattue et pourquoi elle se montrait soudain agressive pour, un peu plus tard, se mettre à pleurer en faisant le ménage.

Il y avait trois mois, alors, que Marcel Jenot avait été arrêté et Jonas lisait à peine les journaux. Il en avait entendu parler chez Le Bouc, car cela avait été un événement sensationnel. Marcel Jenot, fils d'une couturière qui travaillait pour la plupart des femmes du marché, y compris pour les Palestri, était aide-cuisinier à l'Hôtel des Négociants, le meilleur et le plus cher de la ville. Jonas devait l'avoir vu sans y prêter attention. Sa photographie, dans le journal, montrait un garçon au front haut, à l'air sérieux avec, pourtant, un retroussis des lèvres qui n'était pas sans inquiéter.

A vingt et un ans, il venait de terminer son service militaire en Indochine et habitait à nouveau avec sa mère, rue des Belles-Feuilles, la rue après le restaurant de Pépito.

Comme la plupart des jeunes gens de son âge, il possédait une moto. Un soir, sur la route de Saint-Amand, une grosse voiture de Parisiens avait été arrêtée par un motocycliste qui paraissait demander de l'aide et qui, brandissant un automatique, avait exigé l'argent des occupants, après quoi, avant de s'en aller, il avait crevé les quatre pneus de la voiture.

La plaque d'immatriculation de la moto, au moment de l'attentat, était recouverte d'un enduit noir. Comment la police était-elle néanmoins parvenue jusqu'à Marcel ? Les journaux avaient dû l'expliquer, mais Jonas l'ignorait.

L'instruction était en cours quand Gina était entrée à son service et, un mois plus tard, le procès avait lieu à Montluçon.

C'est Le Bouc qui avait renseigné le bouquiniste.

— Comment va Gina ?

— Elle fait ce qu'elle peut.

— Pas trop agitée ?

— Pourquoi ?

— On juge Marcel la semaine prochaine.

— Quel Marcel ?

— Celui du *hold-up*. C'était son amant.

Elle devait, en effet, s'absenter pendant quelques jours et, quand elle revint prendre son service, elle fut longtemps sans desserrer les dents.

Il y avait près de trois ans de cela, maintenant. Un an après qu'elle était entrée chez lui comme femme de ménage, Jonas l'épousait, surpris de ce qui lui arrivait. Il avait trente-huit ans, elle vingt-deux. Même quand, dans le soleil, le corps presque nu sous sa robe, elle allait et venait autour de lui et qu'il respirait son odeur, il n'avait jamais eu un geste équivoque.

Chez Le Bouc, on avait pris l'habitude de lui lancer avec un sourire en coin :

— Alors ? La Gina ?

Il répondait, naïf :

— Elle va bien.

Certains allaient jusqu'à lui adresser un clin d'œil qu'il affectait de ne pas voir et d'autres semblaient le soupçonner de cacher son jeu.

Il aurait pu sans peine, en écoutant à gauche et à droite, en posant quelques questions, connaître le nom de tous les amants que Gina avait eus depuis qu'à treize ans elle avait commencé à se frotter aux hommes. Il aurait pu aussi se renseigner sur ce qui s'était passé entre elle et Marcel. Il n'ignorait pas qu'elle avait été interrogée plusieurs fois par les policiers au cours de l'instruction et qu'Angèle avait été convoquée par le juge.

A quoi bon ? Ce n'était pas dans son caractère. Il avait toujours vécu seul, sans imaginer qu'il pourrait un jour vivre autrement. Gina entretenait sa maison moins bien que la vieille Léonie. Ses tabliers, quand elle se donnait la peine d'en mettre, étaient rarement propres et, s'il lui arrivait de chanter en travaillant, il y avait des jours où son regard restait buté, sa bouche hargneuse.

Souvent, au milieu de la matinée, elle disparaissait sous prétexte d'une course à faire à côté et revenait, sans s'excuser, deux heures plus tard.

Etait-ce néanmoins sa présence dans la maison qui était devenue nécessaire à Jonas ? Y avait-il eu, comme certains le prétendaient, une conspiration pour le décider ?

Un après-midi, Angèle était entrée, vêtue comme elle l'était toute la journée dans sa boutique, car elle ne s'habillait vraiment que le dimanche.

— Dites donc, Jonas !

Elle était une des rares à ne pas l'appeler monsieur Jonas. Il est vrai qu'elle tutoyait la plupart de ses clients.

— Touche pas aux poires, ma belle ! lançait-elle à la femme du Dr Martroux, une des personnes les plus guindées de la ville. Quand je vais chez ton mari, je ne tripote pas ses outils.

Ce jour-là, elle s'était dirigée d'autorité vers la cuisine où elle s'était assise sur une chaise.

— Je suis venue vous dire que j'ai une occasion pour ma fille.

Son regard faisait l'inventaire de la pièce, où rien ne devait lui échapper.

— Des gens de Paris, qui viennent s'installer en ville. Le mari, qui est ingénieur, est nommé sous-directeur de l'usine et ils cherchent quelqu'un. C'est une bonne place, où Gina sera nourrie et logée. Je leur ai promis une réponse pour après-demain. A vous de réfléchir.

Il avait vécu vingt-quatre heures de panique et, en esprit, avait tourné et retourné la question sur toutes ses faces. Célibataire, il ne pouvait avoir une bonne à demeure. D'ailleurs, il n'y avait qu'une chambre à coucher dans la maison. Cela, Angèle le savait. Pourquoi donc était-elle venue lui offrir une sorte de priorité ?

Il lui était même difficile de garder Gina chez lui toute la journée, car, pendant des heures entières, elle n'aurait rien eu à faire.

Angèle avait-elle pensé à tout cela ?

Gina, pendant ce temps, paraissait n'être au courant de rien et se montrait la même que d'habitude.

Ils déjeunaient tous les jours ensemble, dans la cuisine, face à face, elle le dos au fourneau, où elle prenait les casseroles au fur et à mesure, sans avoir besoin de se lever.

— Gina !

— Oui.

— Je voudrais vous demander quelque chose.

— Quoi ?

— Vous promettez de répondre franchement ?

Il la voyait encore avec netteté en prononçant ces mots-là mais, l'instant d'après, elle n'était plus à ses yeux qu'un fantôme, car ses verres s'étaient soudain embués.

— Je ne suis pas toujours franche ?

— Si.

— D'ordinaire, on me reproche de l'être trop.

— Pas moi.

— Qu'est-ce que vous voulez me demander ?

— Vous aimez la maison ?

Elle regarda autour d'elle avec ce qui lui parut de l'indifférence.

— Je veux dire, insista-t-il, aimeriez-vous y vivre tout à fait ?

— Pourquoi me demandez-vous ça ?

— Parce que je serais heureux si vous acceptiez.

— Accepter quoi ?

— De devenir ma femme.

S'il y avait complot, Gina n'en était pas, car elle lança avec un rire nerveux :

— Sans blague !

— C'est sérieux.

— Vous m'épouseriez ?

— C'est ce que je vous propose.

— *Moi ?*

— Vous.

— Vous ne savez pas quelle fille je suis ?

— Je crois que je vous connais aussi bien que n'importe qui.

— Dans ce cas, vous avez du courage.

— Qu'est-ce que vous répondez ?

— Je réponds que vous êtes gentil, mais que c'est impossible.

Il y avait une tache de soleil sur la table et c'est cette tache que Jonas fixait bien plus que le visage de la jeune fille.

— Pourquoi ?

— Parce que.

— Vous ne voulez pas de moi ?

— Je n'ai pas dit ça, monsieur Jonas. Vous êtes sûrement un brave homme. Vous êtes même le seul homme à ne jamais avoir essayé de profiter de la situation. Même Ancel, tenez, qui est pourtant le père d'une de mes amies, m'a attirée dans la remise au fond de sa cour, alors que je n'avais pas quinze ans. Je pourrais vous les citer presque tous un à un et vous seriez étonné. Au début, je me demandais quand vous alliez oser.

— Vous pensez que vous ne seriez pas heureuse ici ?

Elle eut alors sa réponse la plus franche.

— En tout cas, je serais tranquille !

— C'est déjà quelque chose, non ?

— Bien sûr. Seulement, si ça ne colle pas, tous les deux ? Mieux vaut ne plus en parler. Je ne suis pas la fille à rendre heureux un homme comme vous.

— Ce n'est pas moi qui compte.

— Qui est-ce, alors ?

— Vous.

Il était sincère. La tendresse le submergeait tellement, tandis qu'il parlait de la sorte, qu'il n'osait pas bouger par crainte de laisser éclater son émotion.

— Moi et le bonheur... grondait-elle entre ses dents.

— Mettons la tranquillité, comme vous venez de le dire.

Elle lui avait lancé un regard aigu.

— C'est ma mère qui vous a parlé de ça ? Je savais qu'elle était venue vous voir, mais...

— Non. Elle m'a seulement annoncé qu'on vous offrait une meilleure place.

— Ma mère a toujours eu envie de se débarrasser de moi.

— Vous ne voulez pas réfléchir ?

— A quoi bon ?

— Attendez au moins demain pour me donner une réponse définitive, voulez-vous ?

— Si vous y tenez !

Ce jour-là, elle avait cassé une assiette en faisant la vaisselle et, ainsi que cela venait d'arriver deux ans plus tard, elle était partie en oubliant de laver la poêle.

Vers quatre heures de l'après-midi, comme d'habitude, Jonas était allé prendre sa tasse de café chez Le Bouc et Fernand l'avait observé avec attention.

— C'est vrai, ce qu'on raconte ?

— Qu'est-ce qu'on raconte ?

— Que vous allez vous marier avec Gina ?

— Qui vous l'a dit ?

— Louis, tout à l'heure. Il s'est disputé avec Angèle à cause de ça.

— Pourquoi ?

Le Bouc avait pris un air gêné.

— Ils n'ont pas les mêmes idées.

— Il est contre ?

— Plutôt.

— Pourquoi ?

Louis avait sûrement donné une raison, mais Le Bouc ne la répéta pas.

— On ne sait jamais ce qu'il a au juste dans la tête, dit-il évasivement.

— Il est fâché ?

— Il parlait d'aller vous casser la gueule. Cela ne l'empêchera pas de faire ce qu'Angèle décidera. Il a beau crier, il n'a rien à dire dans sa maison.

— Et Gina ?

— Vous devez mieux savoir que moi ce qu'elle vous a dit. Le plus dur, ce sera son frère.

— Pourquoi ?

— Je ne sais pas. Je parle en l'air. C'est un drôle de garçon, qui a ses idées à lui.

— Il ne m'aime pas ?

— Peut-être qu'en dehors de sa sœur il n'aime personne. Il n'y a qu'elle à l'empêcher de faire des bêtises. Voilà un mois, il voulait s'engager pour l'Indochine.

— Elle n'a pas voulu ?

— Ce n'est qu'un gamin. Il n'est bien nulle part. A peine là-bas, il se sentirait plus malheureux qu'ici.

Un client entrait dans la boutique, à côté, et Jonas se dirigea vers la porte.

— A tout à l'heure !

— Bonne chance !

Il avait mal dormi, cette nuit-là. A huit heures, Gina était venue prendre son service sans rien dire, sans le regarder, et il avait attendu un long quart d'heure avant de la questionner.

— Vous avez la réponse ?

— Vous y tenez vraiment ?

— Oui.

— Plus tard, vous ne me ferez pas de reproches ?

— Je le promets.

Elle avait haussé les épaules.

— Dans ce cas, ce sera comme vous voudrez.

C'était si inattendu qu'il en était vide d'émotion. Il la regardait, sidéré, sans oser s'avancer vers elle, sans lui prendre la main et, à plus forte raison, l'idée ne lui vint-elle pas de l'embrasser.

Par crainte d'un malentendu, il insista :

— Vous acceptez de m'épouser ?

Elle avait seize ans de moins que lui et

pourtant c'est elle qui l'avait regardé comme un enfant, un sourire protecteur aux lèvres.

— Oui.

Pour ne pas s'extérioriser devant elle, il était monté dans sa chambre et, avant de s'accouder à la fenêtre, il était resté un bon moment, rêveur, devant un des miroirs de l'armoire. C'était en mai. Une averse venait de tomber mais le soleil brillait à nouveau et mettait des flaques brillantes sur les ardoises mouillées du grand toit. Il y avait marché, comme aujourd'hui, et il était allé acheter des fraises, les premières de la saison.

Une femme grande et forte, vêtue de noir, un tablier bleu autour des reins, entrait dans la boutique avec autorité et y dessinait une grande ombre. C'était Angèle, dont les mains sentaient toujours le poireau.

— C'est vrai, ce que Louis me raconte ? Qu'est-ce qu'elle est allée faire à Bourges ?

Il était plus petit qu'elle et beaucoup moins fort. Il balbutia :

— Je ne sais pas.

— Elle a pris le car du matin ?

— Oui.

— Sans passer me voir ?

Elle aussi le regardait d'un œil soupçonneux.

— Vous vous êtes disputés, tous les deux ?

— Non.

— Réponds comme un homme, bon sang ! Qu'est-ce qui ne va pas ?

— Rien...

Elle avait commencé, elle, à le tutoyer le jour des fiançailles, mais Louis n'avait jamais voulu suivre son exemple.

— *Rien ! Rien !...* l'imita-t-elle. Tu devrais

pourtant être capable d'empêcher ta femme
de courir. Quand est-ce qu'elle a promis de
rentrer ?

— Elle ne me l'a pas dit.

— C'est le plus beau de tout !

Elle sembla l'écraser du regard, de toute sa
masse vigoureuse et, lui tournant brusquement
le dos pour sortir, elle grommela :

— Savate !

3

La table du Veuf

Sa première idée avait été d'aller s'acheter une tranche de jambon ou de viande froide quelconque à la charcuterie Pascal, de l'autre côté du marché au commencement de la rue du Canal, ou même de ne pas manger du tout, ou encore de se contenter des deux croissants qu'on lui avait donnés en trop ce matin. Il n'aurait pas dû les prendre. Cela ne se conciliait pas avec le soi-disant départ de Gina pour Bourges. Normalement, il n'aurait dû acheter que trois croissants.

Ce n'était pas pour lui qu'il se tracassait ainsi, par respect humain ou par crainte du qu'en-dira-t-on. C'était pour elle. Elle avait eu beau emporter les timbres, qui étaient tout ce à quoi il tenait au monde en dehors d'elle, il considérait comme son devoir de la défendre.

Il ne savait pas encore contre quoi. Il était en proie, depuis le matin surtout, à une inquiétude vague qui l'empêchait presque de penser à sa peine. Avec le temps, chacun de ses sentiments se détacherait sans doute plus nettement et il pourrait faire le point. Pour le moment, abasourdi, il allait au plus pressé avec la conviction qu'en agissant de la sorte c'était Gina qu'il protégeait.

Les rares fois qu'elle était allée voir la Loute et qu'elle avait passé la journée entière à Bourges, il avait repris ses habitudes de célibataire et avait mangé chez Pépito. C'était donc ce qu'il devait faire aujourd'hui et quand, à midi, la cloche annonçant la fin du marché sonna à toute volée dans le soleil, avec des vibrations de cloche de couvent, il commença à rentrer les boîtes de livres.

Déjà, autour de la place, le camion aux ordures avançait mètre après mètre tandis que cinq hommes y enfournaient tout ce qu'ils ramassaient à la pelle dans le ruisseau. Beaucoup de marchandes, surtout celles de la campagne, étaient parties et quelques-unes, avant de prendre leur autobus, mangeaient, chez Le Bouc ou au Trianon-Bar, le casse-croûte qu'elles avaient apporté.

Cela lui fit mal d'abandonner la maison, un peu comme s'il commettait une trahison, et, contre toute évidence, il se disait que Gina allait peut-être revenir pendant son absence.

La rue Haute était étroite, en pente légère, malgré son nom, et constituait le centre du quartier le plus populeux. Les boutiques y étaient plus variées qu'ailleurs. On y vendait des surplus américains, de l'horlogerie à bon marché et il y avait au moins trois marchands de bric-à-brac et de vieux vêtements.

Dans le bas, depuis qu'on avait installé l'usine de produits chimiques à un kilomètre de là, c'était devenu une sorte de quartier italien, que certains appelaient d'ailleurs la Petite Italie. A mesure que l'usine prenait de l'importance, il était venu des ouvriers d'ailleurs, des Polonais d'abord, qui s'étaient installés un peu plus haut, puis enfin, presque aux portes de l'usine, quelques familles de Nord-Africains.

Le restaurant de Pépito, aux murs de teinte olive, aux nappes de papier gaufré, n'en avait pas moins conservé son caractère paisible et, à midi, on retrouvait les mêmes habitués qui, comme Jonas l'avait fait si longtemps, y prenaient leurs repas à l'année longue.

Maria, la femme du patron, faisait la cuisine, tandis que son mari se tenait au bar et que leur nièce s'occupait du service.

— Tiens ! Monsieur Jonas ! s'écria l'Italien en l'apercevant. Quelle bonne surprise de vous voir !

Puis, tout de suite, craignant d'avoir commis une gaffe en se montrant si joyeux :

— Gina n'est pas malade, au moins ?

Et il lui fallait répéter son refrain :

— Elle est allée à Bourges.

— Il faut bien, de temps en temps, se changer les idées. Votre ancienne table est libre, dites ! Julia ! Mets le couvert pour M. Jonas.

Ce fut sans doute ici que Jonas se rendit le mieux compte du vide qui venait de se produire dans sa vie. Pendant des années, le restaurant de Pépito, où rien n'avait changé, avait été pour lui un second foyer. Or, voilà qu'il s'y sentait étranger, était pris de panique à l'idée qu'il devrait peut-être y revenir chaque jour.

Le Veuf était à sa place et on aurait dit qu'il hésitait à adresser à Jonas le battement de paupières qui leur servait jadis de bonjour.

Ils ne s'étaient jamais adressé la parole. Pendant des années, ils avaient occupé deux tables face à face, près de la vitre, et ils arrivaient à peu près à la même heure.

Jonas connaissait son nom, par Pépito. C'était M. Métras, chef de bureau à l'Hôtel de Ville, mais, dans son esprit, il ne le désignait jamais que comme le Veuf.

Il n'avait jamais vu Mme Métras, qui était morte depuis quinze ans. Comme le ménage n'avait pas d'enfants, le mari, livré à lui-même, avait commencé à prendre ses repas chez Pépito.

Il devait avoir cinquante-cinq ans, peut-être davantage. Il était grand, très large, épais et dur, avec des cheveux couleur de fer, des sourcils en broussaille et des poils plus noirs qui lui jaillissaient des narines et des oreilles. Son teint était grisâtre aussi et Jonas ne l'avait jamais vu sourire. Il ne lisait pas le journal en mangeant, comme la plupart des solitaires, ne liait la conversation avec personne et mastiquait soigneusement en regardant droit devant lui.

Il s'était passé des mois avant qu'ils s'adressent un battement de paupières et Jonas était le seul à qui le Veuf eût jamais fait cette concession.

Un tout petit chien asthmatique, gras et presque impotent, était assis sous la table et ne devait pas avoir loin de vingt ans, car il avait été jadis le chien de Mme Métras.

Le Veuf allait le chercher à l'appartement en sortant du bureau et l'amenait au restaurant où on lui préparait sa pâtée. Il le reconduisait ensuite, lentement, en attendant que l'animal fasse ses besoins, avant de retourner à l'Hôtel de Ville et, le soir, il en était de même.

Pourquoi aujourd'hui, pendant que Jonas mangeait, le Veuf le regardait-il avec plus d'attention qu'autrefois ? Il n'était pas possible qu'il sache déjà.

Pourtant, on aurait juré qu'il pensait, en se retenant de ricaner :

— Ainsi, vous voilà revenu !

Un peu comme s'ils avaient été tous les deux membres d'une même confrérie, comme si Jonas l'avait désertée pour un temps et revenait enfin, contrit, au bercail.

Cela n'existait que dans son imagination, mais ce qui n'était pas de l'imagination, c'était sa terreur à l'idée de s'asseoir à nouveau chaque jour en face du chef de bureau.

— Qu'est-ce que vous prendrez comme dessert, monsieur Jonas ? Il y a des religieuses et de la tarte aux pommes.

Il avait toujours aimé les desserts, en particulier la tarte aux pommes, qu'il choisit, et il s'en voulut de céder à la gourmandise à un pareil moment.

— Que racontez-vous de neuf, monsieur Jonas ?

Pépito était long comme Palestri, sec et dur, mais, contrairement à son compatriote, il se montrait toujours affable et souriant. On aurait pu croire que c'était un jeu pour lui, tant il y mettait de bonne humeur, de tenir un restaurant. Maria, sa femme, à force de vivre dans une cuisine de six mètres carrés, était devenue énorme, ce qui ne l'empêchait pas de rester jeune et appétissante. Elle aussi était gaie et éclatait de rire pour un rien.

Comme ils n'avaient pas d'enfants, ils avaient adopté un neveu qu'ils avaient fait venir de leur pays et qu'on voyait, le soir, faire ses devoirs à une table du restaurant.

— Comment va-t-elle, la Gina ?

— Elle va bien.

— L'autre jour, ma femme l'a rencontrée au

marché et, je ne sais pas pourquoi, elle a eu l'impression qu'elle attendait un bébé. C'est vrai ?

Il dit non, presque honteux, car il était persuadé que c'était sa faute si Gina n'était pas enceinte. Ce qui avait trompé Maria c'est que, les derniers temps, Gina s'était mise à manger plus que d'habitude, avec une sorte de frénésie, et que, d'opulente qu'elle était déjà, elle était devenue grasse au point de devoir faire élargir ses robes.

D'abord, il s'était réjoui de son appétit, car, au début de leur mariage, elle mangeait à peine. Il l'encourageait, y voyant un signe de contentement, se figurant qu'elle s'habituait à leur vie et qu'elle allait peut-être se sentir enfin heureuse.

Il le lui avait dit et elle avait eu un sourire vague, un peu protecteur, comme elle lui en adressait de plus en plus souvent. Elle n'avait pas le caractère autoritaire de sa mère, tout au contraire. Elle ne s'occupait pas du commerce, ni de l'argent, ni des décisions à prendre en ce qui concernait le ménage.

Pourtant, malgré leur différence d'âge, c'était elle qui avait parfois vis-à-vis de Jonas un air indulgent.

Il était son mari et elle le traitait comme tel. Mais peut-être, à ses yeux, n'était-il pas tout à fait un homme, un vrai mâle, et elle semblait le considérer comme un enfant attardé.

Avait-il eu tort de ne pas se montrer plus sévère avec elle ? Aurait-elle eu besoin qu'il la prît en main ? Cela aurait-il changé quelque chose ?

Il n'avait pas envie d'y penser. Le Veuf, devant lui, l'hypnotisait et il finit sa tarte aux pommes plus vite qu'il n'aurait voulu pour échapper à son regard.

— Déjà ? s'étonna Pépito quand il demanda l'addition. Vous ne prenez pas votre café ?

Il le prendrait chez Le Bouc, avec l'arrière-pensée que, là, il aurait peut-être des nouvelles. Autrefois, il mangeait aussi lentement que M. Métras, que la plupart des hommes seuls qui déjeunaient au restaurant et qui, pour la plupart, faisaient ensuite la causette avec le patron.

— Julia ! l'addition de M. Jonas.

Et, à celui-ci :

— On vous verra ce soir ?

— Peut-être.

— Elle n'est pas partie pour longtemps ?

— Je ne sais pas encore.

Cela recommençait. Il s'empêtrait, ne sachant plus que répondre aux questions qu'on lui posait, se rendant compte que ce serait pis le lendemain, et pis encore les jours suivants.

Qu'arriverait-il, par exemple, si la Loute venait voir ses parents et révélait que Gina n'était pas allée à Bourges ? C'était improbable, mais il prévoyait tout. Celle que tout le monde appelait la Loute s'appelait en réalité Louise Hariel et ses parents tenaient la graineterie du marché, juste en face de chez Jonas, de l'autre côté du grand toit.

Il l'avait vue, comme il avait vu Gina, courir entre les étals alors qu'elle n'avait pas dix ans. A cette époque-là, avec son visage rond, ses yeux bleus aux longs cils et ses cheveux bouclés, elle avait l'air d'une poupée. C'était assez curieux, car son père était un petit homme maigre et terne, et sa mère, dans le morne décor du magasin de graines exposé au nord, où le soleil ne pénétrait jamais, donnait l'impression d'une vieille fille desséchée.

Les deux Hariel, l'homme et la femme, portaient la même blouse grise et, de vivre ensemble, chacun derrière son comptoir, à faire des gestes identiques, ils avaient fini par se ressembler.

La Loute avait été la seule des filles de la place à être élevée au couvent, d'où elle n'était sortie qu'à l'âge de dix-sept ans. Elle était la mieux vêtue aussi et ses robes faisaient très demoiselle. Le dimanche, quand, avec ses parents, elle se rendait à la grand-messe, tout le monde se retournait sur elle et les mères donnaient son maintien en exemple à leur fille.

Pendant deux ans environ elle avait travaillé comme secrétaire à l'Imprimerie Privas, une maison qui existait depuis trois générations, puis, soudain, on avait appris qu'elle avait trouvé une meilleure place à Bourges.

Les parents n'en parlaient pas. Ils étaient les commerçants les plus revêches du Vieux-Marché et bien des clients préféraient aller jusqu'à la rue de la Gare pour leurs achats.

La Loute et Gina étaient de bonnes amies. Avec Clémence, la fille du boucher, elles avaient formé longtemps un trio d'inséparables.

D'abord, on avait raconté que la Loute, à Bourges, travaillait chez un architecte, puis chez un médecin célibataire avec qui elle vivait maritalement.

Certains l'avaient rencontrée, là-bas, et on parlait de ses toilettes, de son manteau de fourrure. Aux dernières nouvelles, elle avait une 4 CV qu'on avait vue s'arrêter un soir à la porte de ses parents.

La Loute n'avait pas passé la nuit chez eux.

Les voisins prétendaient avoir entendu des éclats de voix, ce qui était étrange, car les Hariel ouvraient à peine la bouche et quelqu'un les avait même appelés les deux poissons.

A Jonas, Gina s'était contentée de dire, à un de ses retours de Bourges :

— Elle mène sa vie comme elle peut et ce n'est facile pour personne.

Elle avait ajouté après un moment de réflexion :

— C'est une pauvre fille. Elle est trop bonne.

Pourquoi trop bonne ? Jonas ne le lui avait pas demandé. Il se rendait compte que cela ne le regardait pas, que c'étaient des histoires de femmes et même de filles, que des amies comme Clémence, la Loute et Gina, quand elles se retrouvaient, redevenaient des gamines et avaient droit à leurs secrets.

Une autre fois, Gina avait dit :

— Il y en a pour qui tout est simple !

Est-ce qu'elle faisait allusion à Clémence, qui avait un mari jeune, joli garçon, et qui avait eu les plus belles noces du Vieux-Marché ?

Lui n'était ni jeune, ni joli garçon, et tout ce qu'il avait pu lui offrir c'était la sécurité. Gina avait-elle réellement envie de sécurité, de *tranquillité*, comme il avait dit le premier jour ?

Où était-elle, en ce moment, avec les timbres qu'elle se figurait pouvoir vendre sans peine ? Elle ne devait guère avoir d'argent avec elle, même si, à l'insu de Jonas, elle en avait mis de côté pour l'occasion. Son frère n'avait pas pu lui en donner non plus, puisque c'était elle qui lui en passait de temps en temps.

Parce qu'elle avait vu les prix sur le catalogue, elle s'était dit qu'elle n'avait qu'à se présenter chez n'importe quel marchand de timbres, à

Paris ou ailleurs, pour vendre ceux-là. C'était vrai pour certains d'entre eux, ceux qui n'avaient qu'une rareté relative, mais il en allait autrement des pièces de valeur, comme le Cérès 1849.

Les marchands de timbres forment à travers le monde, comme les diamantaires, une sorte de confrérie, et ils se connaissent plus ou moins les uns les autres. Ils savent, la plupart du temps, entre quelles mains se trouve tel ou tel timbre rare et guettent l'occasion de l'acquérir pour leurs clients.

Cinq timbres au moins, dans le lot qu'elle avait emporté, étaient connus de la sorte. Qu'elle les offre en vente dans n'importe quelle maison sérieuse et il y avait des chances pour que le commerçant la retienne sous un prétexte quelconque et téléphone à la police.

Elle ne risquait pas la prison, puisqu'elle était sa femme et que le vol n'est pas reconnu entre conjoints. On n'en ouvrirait pas moins une enquête et on prendrait contact avec lui.

Est-ce de cette façon que, par la faute de son ignorance, sa fugue allait se terminer ?

Il n'était pas sûr de le souhaiter. Il ne le souhaitait pas. Cela lui faisait mal de penser à la honte de Gina, à son désarroi, à sa fureur.

Ne serait-ce pas encore plus grave si elle chargeait quelqu'un de la vente ? A l'heure qu'il était, elle n'était pas seule, il ne se faisait pas d'illusions. Et, cette fois, il ne s'agissait pas de quelque jeune mâle de la ville qu'elle n'avait pu s'empêcher de suivre pour une nuit ou pour deux jours.

Elle était partie délibérément et son départ avait été prémédité, organisé au moins vingt-quatre heures à l'avance. Pendant vingt-quatre heures, autrement dit, il avait vécu avec elle sans se rendre compte que c'était sans doute le dernier jour qu'ils passaient ensemble.

Il marchait maintenant dans la rue, à pas lents, et l'espace nu, sous le toit d'ardoises, paraissait immense, livré à quelques hommes qui l'arrosaient au jet et frottaient le ciment avec des balais. La plupart des magasins étaient fermés jusqu'à deux heures.

Il reculait le moment d'entrer chez Le Bouc pour boire son café, car il n'avait envie de parler à personne, ni surtout de répondre à de nouvelles questions. Il était sans haine, sans rancune. Ce qui lui gonflait le cœur, c'était une tendresse triste, inquiète et presque sereine pourtant, et il s'arrêta pendant plus d'une minute pour regarder deux jeunes chiens, dont un couché sur le dos, les pattes battant l'air, qui, dans le soleil, jouaient à se mordiller.

Il se souvenait de l'odeur des harengs, dans la cuisine, de la poêle que, dans sa hâte, Gina n'avait pas lavée et à laquelle adhéraient des lambeaux de poisson. Il essayait de se rappeler ce qu'ils avaient pu se dire au cours de ce dernier repas mais n'y parvenait pas. Alors, il s'efforçait de retrouver de menus détails de la journée de la veille qu'il avait vécue comme une journée ordinaire sans savoir que c'était la plus importante de sa vie.

Une image lui revenait ; il était derrière son comptoir, à servir un vieux monsieur qui ne savait pas au juste ce qu'il voulait, quand Gina, qui était montée un peu plus tôt faire sa toilette, était descendue en robe rouge. C'était une robe de l'année précédente, qu'il lui revoyait pour la première fois de la saison, et, parce que Gina avait engraissé, elle lui collait plus que jamais au corps.

Elle s'était avancée jusqu'au seuil, pénétrant dans le rectangle de soleil, et il ne se souvenait pas de l'avoir vue aussi belle.

Il ne le lui avait pas dit car, quand il lui adressait un compliment, elle haussait les épaules avec agacement et parfois se rembrunissait.

Une fois, elle avait prononcé presque sèche :

— Laisse ça ! Je serai toujours assez vite une vieille femme, va !

Il croyait comprendre. Il n'avait pas envie de l'analyser plus avant. Ne voulait-elle pas dire qu'elle perdait sa jeunesse dans cette vieille maison qui sentait le papier moisi ? N'était-ce pas une façon ironique de le rassurer, de lui faire savoir qu'ils seraient bientôt à égalité et qu'il n'aurait plus à avoir peur ?

— Je vais embrasser maman, lui avait-elle annoncé.

D'habitude, à cette heure-là, les visites à la boutique de sa mère ne duraient pas, car Angèle, harcelée par les clientes, n'avait pas de temps à perdre. Or, Gina était restée près d'une heure absente. Quand elle était rentrée, elle ne venait pas de la droite, mais de la gauche, c'est-à-dire du côté opposé à la maison de ses parents, et pourtant elle ne portait pas de paquets.

Elle ne recevait jamais de lettres, cela le frappait soudain. Sans compter la Loute, elle avait plusieurs camarades mariées qui n'habitaient plus la ville. N'aurait-elle pas dû recevoir de temps en temps ne fût-ce qu'une carte postale ?

Le bureau de poste était dans la rue Haute, à cinq minutes de chez Pépito. Y recevait-elle son courrier poste restante ? Ou bien encore était-elle allée téléphoner de la cabine ?

Depuis deux ans qu'ils étaient mariés, elle n'avait jamais parlé de Marcel, qui avait été condamné à cinq ans de prison. Quand elle avait fait ses fugues, c'était nécessairement avec d'autres, ce qui avait laissé supposer à Jonas qu'elle avait oublié Jenot.

Il y avait six mois au moins qu'elle n'était pas sortie seule le soir, sinon pour garder le bébé de Clémence et, chaque fois, elle était rentrée à l'heure. D'ailleurs, si elle avait vu un homme, il s'en serait rendu compte, car ce n'était pas une femme sur qui l'amour ne laisse pas de traces. Il connaissait son visage, quand elle avait couru le mâle, son air las et sournois, et jusqu'à l'odeur de son corps qui n'était pas la même.

Mme Hariel, la grainetière, debout derrière la porte de sa boutique dont le bec-de-cane était retiré, le visage blême collé à la vitre, le regardait arpenter le trottoir en homme qui ne sait où aller et il se dirigea enfin vers le bar de Le Bouc. Celui-ci était encore à table avec sa femme, dans le fond de la pièce, et ils finissaient un plat de boudin à la purée.

— Ne vous dérangez pas, dit-il. J'ai le temps.

C'était l'heure creuse. Fernand, avant de déjeuner, avait balayé la sciure souillée et les carreaux rouges étaient brillants, la maison sentait le propre.

— Vous avez déjeuné chez Pépito ?

Il fit oui de la tête. Le Bouc avait un visage osseux et portait un tablier bleu. Sauf le dimanche et deux ou trois fois au cinéma, Jonas ne l'avait jamais vu avec un veston.

La bouche pleine, il disait en se dirigeant vers le percolateur :

— Louis m'a demandé tout à l'heure si j'avais vu passer Gina et je lui ai répondu que non. Il avait sa mauvaise tête. C'est malheureux qu'un brave homme comme lui ne puisse pas s'empêcher de boire.

Jonas déballait ses deux morceaux de sucre qu'il tenait à la main en attendant sa tasse de café. Il aimait l'odeur du bar de Le Bouc, pourtant chargée d'alcool, comme il aimait l'odeur de vieux livres qui régnait chez lui. Il aimait l'odeur du marché aussi, surtout à la saison des fruits, et il lui arrivait d'aller se promener entre les étals pour la respirer tout en surveillant de loin sa boutique.

Le Bouc venait de dire, en parlant de Louis :

— Un brave homme...

Et Jonas se rendait compte pour la première fois que c'était un mot qu'il employait souvent. Ancel était un brave homme aussi, et Benaiche, l'agent de police, à qui, chaque matin, les grossistes remplissaient un cageot de victuailles que sa femme venait chercher vers neuf heures.

Angèle aussi, malgré ses airs de virago, était une brave femme.

Tout le monde, autour du marché, sauf peut-être les Hariel, qui s'enfermaient chez eux comme pour éviter Dieu sait quelle contagion, se saluait le matin avec bonne humeur et cordialité. Tout le monde aussi travaillait dur et respectait le travail des autres.

De Marcel, quand l'affaire du *hold-up* avait éclaté, on avait dit avec pitié :

— C'est curieux, un si gentil garçon...

On avait ajouté :

— C'est l'Indochine qui a dû lui faire ça. Ce n'est pas une place pour des gamins.

Si on parlait de la Loute et de la vie mystérieuse qu'elle menait à Bourges, on ne lui en voulait pas non plus.

— Les filles d'aujourd'hui ne sont plus ce qu'elles étaient. L'éducation a changé aussi.

Quant à Gina, elle restait un des personnages les plus populaires du marché et, quand elle passait en roulant les hanches, le sourire aux lèvres, les dents éclatantes, les visages s'éclairaient. Tous étaient au courant de ses aventures. On l'avait vue, un soir, alors qu'elle avait dix-sept ans à peine, couchée avec un chauffeur sur les caisses d'un camion.

— Salut, Gina ! lui lançait-on.

Et sans doute enviait-on ceux qui avaient eu la bonne fortune de coucher avec elle. Beaucoup avaient essayé. Certains avaient réussi. Personne ne lui tenait rigueur d'être ce qu'elle était. On lui en aurait plutôt été reconnaissant car, sans elle, le Vieux-Marché n'aurait plus été tout à fait le même.

— C'est vrai qu'elle a pris le car du matin ? demandait Le Bouc en reprenant sa place à table.

Comme Jonas ne répondait pas, il supposa que son silence signifiait oui et poursuivit :

— Dans ce cas, elle aura fait le voyage avec ma nièce, la fille de Gaston, qui est allée voir un nouveau spécialiste.

Jonas la connaissait. C'était une jeune fille au joli visage anémique qui avait une malformation de la hanche et qui, pour marcher, devait lancer en avant la moitié droite de son corps. Elle avait dix-sept ans.

Depuis l'âge de douze ans, elle était entre les mains des médecins qui lui avaient fait suivre des traitements variés. Deux ou trois fois on l'avait opérée sans résultat appréciable et, vers quinze ans, elle avait passé une année entière dans le plâtre.

Elle restait douce et gaie et sa mère venait plusieurs fois la semaine échanger des livres pour elle, des romans sentimentaux qu'il lui choisissait avec soin par crainte qu'un des personnages soit infirme comme elle.

— Sa mère l'accompagne ?

— Non. Elle est allée seule. Gina lui aura tenu compagnie.

— Elle rentre ce soir ?

— Par le car de cinq heures.

On saurait donc alors que Gina n'était pas allée à Bourges. Que dirait-il à Louis quand celui-ci viendrait lui réclamer des comptes ?

Car c'étaient bien des comptes que les Palestri lui réclameraient. Ils lui avaient confié leur fille et le considéraient comme désormais responsable d'elle.

Incapable de la garder, vivant dans la crainte d'un scandale qui pouvait éclater d'un moment à l'autre, Angèle la lui avait mise sur les bras. C'était cela, en définitive, qu'elle était venue faire quand elle lui avait parlé d'une place pour sa fille chez le sous-directeur de l'usine. L'histoire était peut-être vraie, mais elle en avait profité.

Même maintenant, il lui en était reconnaissant, car sa vie avant Gina n'avait aucun goût, c'était un peu comme s'il n'avait pas vécu.

Ce qui l'intriguait, c'est ce qui s'était passé à cette époque chez les Palestri. Il y avait eu des discussions, cela ne faisait aucun doute. L'attitude de Frédo ne faisait aucun doute non plus et il avait dû crier à ses parents qu'ils poussaient sa sœur dans les bras d'un vieillard.

Mais Louis ? Est-ce que, lui aussi, préférait voir sa fille courir que mariée à Jonas ?

— Il paraît que nous allons avoir un été chaud. C'est en tout cas ce que dit l'almanach. Des orages la semaine prochaine.

Il essuya ses verres dont la vapeur du café avait enlevé la transparence, et resta un moment comme un hibou au soleil, avec ses paupières roses qui battaient. C'était rare qu'il enlève ses lunettes en public, il ne savait pas au juste pourquoi, car lui-même ne s'était jamais vu ainsi. Cela lui donnait un sentiment d'infériorité, un peu comme quand on rêve qu'on est tout nu ou en chemise dans la foule.

Gina, elle, le voyait chaque jour ainsi et c'est peut-être pourquoi elle le traitait autrement que les autres. Ses verres, épais, non cerclés de métal ou d'écaille, jouaient dans les deux sens. S'ils lui faisaient voir les moindres détails du monde extérieur, ils agrandissaient, pour les autres, ses prunelles et leur donnaient une fixité, une dureté qu'elles n'avaient pas en réalité.

Une fois, sur son seuil, il avait entendu un gamin qui passait dire à sa mère :

— Comme il a de gros yeux le monsieur !

Or, ses yeux n'étaient pas gros. C'étaient les verres qui leur donnaient un aspect globuleux.

— A tout à l'heure, soupira-t-il après avoir compté sa monnaie et l'avoir posée sur le comptoir.

— A tout à l'heure. Bon après-midi.

Vers cinq heures, Le Bouc fermerait son bar, car, dans l'après-midi, il y venait peu de clients. S'il le gardait ouvert, c'était surtout pour la commodité des voisins. Les veilles de marché, il se couchait dès huit heures pour être debout à trois heures du matin.

Demain, vendredi, il n'y avait pas de marché. Un jour sur deux, quatre jours sur sept exactement, le carreau, sous le toit d'ardoises, restait désert et servait de parc aux voitures et de terrain de jeu aux enfants.

Pendant deux ou trois semaines, on voyait ceux-ci s'élancer sur des patins à roulettes qui faisaient, à la longue, un bruit lancinant puis, comme s'ils s'étaient donné le mot, ils changeaient de jeu, adoptaient les billes, la toupie ou le yoyo. Cela suivait un rythme, comme les saisons, plus mystérieux que les saisons, car il était impossible de deviner d'où venait la décision, et le patron du bazar de la rue Haute était chaque fois pris au dépourvu.

— Donnez-moi un cerf-volant, monsieur.

Il en vendait dix, vingt, en l'espace de deux jours, en commandait d'autres et n'en vendait plus un seul du reste de l'année.

De prendre ses clefs dans sa poche rappelait à Jonas la cassette d'acier et le départ de Gina. Il retrouvait l'odeur de la maison, dont l'atmosphère était grise, maintenant que le soleil ne la frappait plus de front. Il sortit les deux boîtes montées sur des pieds à roulettes, puis resta debout au milieu du magasin sans savoir que faire de ses deux bras.

Pourtant, il avait vécu des années ainsi, seul, et n'en avait pas souffert, ne s'était même pas rendu compte qu'il lui manquait quelque chose.

Que faisait-il, jadis, à cette heure-ci ? Il lui arrivait de lire, derrière le comptoir. Il avait beaucoup lu, non seulement des romans, mais des ouvrages sur les sujets les plus variés, parfois les plus inattendus, depuis l'économie politique jusqu'au récit de fouilles archéologiques. Tout l'intéressait. Il piquait au hasard un livre sur la mécanique, par exemple, croyant n'en parcourir que deux pages, et il le lisait de bout en bout. Il avait lu ainsi, de la première à la dernière ligne, l'Histoire du Consulat et de l'Empire comme il avait lu, avant de les vendre à un avocat, vingt et un tomes dépareillés de la Gazette des Tribunaux du siècle dernier.

Il aimait en particulier les ouvrages de géographie, ceux qui étudient une région depuis sa formation géologique jusqu'à son expansion économique et culturelle.

Ses timbres étaient comme des repères. Les noms de pays, de souverains et de dictateurs n'évoquaient pas pour lui une carte bariolée ou des photographies, mais une vignette délicate enveloppée de papier transparent.

C'est de cette façon-là, plus encore que par la littérature, qu'il connaissait la Russie, où il était né quarante ans auparavant.

Ses parents habitaient alors Arkhangelsk, tout en haut de la carte, sur la mer Blanche, où cinq sœurs et un frère étaient nés avant lui.

Or, de toute sa famille, il était le seul à ne pas connaître la Russie, qu'il avait quittée à l'âge d'un an. N'est-ce pas à cause de cela qu'au lycée il avait commencé à collectionner les timbres ? Il devait avoir treize ans quand un de ses camarades lui avait montré son album.

— Tiens ! lui avait-il dit. Voilà une vue de ton pays.

C'était, il s'en souvenait d'autant mieux que maintenant il possédait ce timbre-là parmi beaucoup d'autres timbres russes, une vignette de 1905, bleu et rose, qui représentait le Kremlin.

— J'en ai d'autres, tu sais, mais ceux-là ce sont des figures.

Les timbres, émis en 1913 pour le troisième centenaire des Romanov, représentaient Pierre Ier, Alexandre II Alexis Michaelovitch, Paul Ier.

Plus tard, il devait en constituer une collection complète, y compris le Palais d'Hiver et le palais en bois des boyards Romanov.

Sa sœur aînée, Aliocha, qui avait seize ans quand il était né, avait donc à présent — si elle vivait encore — cinquante-six ans. Nastassia en avait cinquante-quatre et Daniel, son seul frère, mort en bas âge, aurait eu tout juste cinquante ans.

Les trois autres sœurs, Stéphanie, Sonia et Doucia, avaient quarante-huit, quarante-cinq et quarante-deux ans et, à cause de son âge plus proche du sien, à cause de son nom aussi, c'est à Doucia qu'il pensait le plus souvent.

Il n'avait jamais vu leur visage. Il ne savait rien d'elles, si elles étaient mortes ou vivantes, si elles s'étaient ralliées au Parti ou si elles avaient été massacrées.

Son départ de Russie avait eu lieu dans la manière de sa mère, Nathalie, la manière des Oudonov, pour parler comme son père, car les Oudonov avaient toujours passé pour des originaux.

Quand il était né, dans leur maison d'Arkhangelsk, où il y avait huit serviteurs, son père, qui était un important armateur à la pêche, venait de partir comme intendant aux armées et se trouvait quelque part à l'arrière-front.

Pour se rapprocher de lui, sa mère — un vrai pigeon voyageur, répétait son père — avait pris, avec toute sa famille, le train pour Moscou, où on s'était installés chez tante Zina.

Son nom était Zinaïda Oudonov, mais il l'avait toujours entendu appeler tante Zina.

Elle habitait, à en croire ses parents, une maison si vaste qu'on se perdait dans les corridors et elle était très riche. C'est chez elle qu'à l'âge de six mois Jonas était tombé malade. Il avait une pneumonie infectieuse dont il ne se remettait pas et les médecins avaient conseillé le climat plus clément du Sud.

Ils avaient des amis en Crimée, à Yalta, les Chepilov, et, sans même les avertir, sa mère avait décidé un matin de se rendre chez eux avec le bébé.

— Je te confie les filles, Zina, avait-elle dit à la tante. Nous serons de retour dans quelques semaines, le temps de rendre des couleurs à ce garçon-là.

Il n'était pas aisé, en pleine guerre, de voyager à travers la Russie mais rien n'était impossible à une Oudonov. Par bonheur, sa mère avait trouvé les Chepilov à Yalta. Elle s'y était attardée, comme il fallait s'y attendre avec elle, et c'est là que la révolution l'avait surprise.

Du père, on n'avait plus de nouvelles. Les filles étaient toujours chez Zina, à Moscou, et Nathalie parlait de laisser le bébé à Yalta pour aller les chercher.

Les Chepilov l'en avaient dissuadée. Chepilov était un pessimiste. L'exode commençait. Lénine et Trotsky prenaient le pouvoir. L'armée Wrangel se constituait.

Pourquoi ne pas aller à Constantinople, le temps de laisser passer l'orage, et revenir dans quelques mois ?

Les Chepilov avaient entraîné sa mère et ils

avaient fait partie de la colonie russe qui envahissait les hôtels de Turquie, certains munis d'argent, d'autres en quête de n'importe quel gagne-pain.

Les Chepilov avaient pu emporter de l'or et des bijoux. Nathalie avait quelques diamants avec elle.

Pourquoi, de Constantinople, s'étaient-ils dirigés sur Paris ? Et comment, de Paris, avaient-ils abouti dans une petite ville du Berry ?

Ce n'était pas tout à fait un mystère. Chepilov, avant la guerre, recevait largement dans ses terres d'Ukraine et il avait reçu ainsi un certain nombre de Français, en particulier, pendant plusieurs semaines, le comte de Coubert, dont le château et les fermes étaient à douze kilomètres de Louvant.

Ils s'étaient rencontrés après l'exode, qu'on croyait encore provisoire, et Coubert avait proposé à Chepilov de s'installer dans son château. Nathalie avait suivi, et Jonas, qui n'avait encore qu'une vue schématique du monde à travers lequel on le traînait de la sorte.

Pendant ce temps-là, Constantin Milk, qui avait été fait prisonnier par les Allemands, était relâché à Aix-la-Chapelle au moment de l'armistice. On ne leur fournissait ni vivres, ni argent, ni moyens de transport et il n'était pas question de regagner dans ces conditions la lointaine Russie.

Etape par étape, avec d'autres déguenillés comme lui, Milk avait atteint Paris, et un jour, le comte de Coubert avait lu son nom dans une liste de prisonniers russes fraîchement arrivés.

On ne savait rien de tante Zina, ni des filles,

qui n'avaient vraisemblablement pas eu le temps de passer la frontière.

Constantin Milk portait de gros verres comme son fils devait bientôt le faire, et, court sur pattes, avait la carrure d'un ours sibérien. Il s'était vite lassé de la vie inactive du château et, un soir, il avait annoncé qu'avec les bijoux de Nathalie il avait acheté une poissonnerie en ville.

— Ce sera peut-être dur pour une Oudonov, avait-il dit avec son sourire énigmatique, mais il faudra bien qu'elle s'y fasse.

De son seuil, Jonas pouvait voir le magasin, « A la Marée », avec ses deux comptoirs de marbre blanc et sa grande balance de cuivre. Il avait vécu des années au second étage, dans la chambre mansardée qui était habitée maintenant par la fille Chenu.

Jusqu'au moment d'entrer à l'école, il n'avait guère parlé que le russe et, ensuite, l'avait presque complètement oublié.

La Russie, pour lui, était un pays mystérieux et sanglant, où ses cinq sœurs, y compris Doucia, avaient peut-être été massacrées avec la tante Zina, comme l'avait été la famille impériale.

Son père, comme les Oudonov qu'il raillait, était, lui aussi, l'homme des décisions brutales, ou alors, s'il les mûrissait, il n'en disait rien à personne.

En 1930, alors que Jonas avait quatorze ans et allait au lycée de la ville, Constantin Milk avait annoncé qu'il partait pour Moscou. Comme Nathalie insistait pour qu'on parte tous ensemble, il avait regardé son fils et avait prononcé :

— *Mieux vaut être sûr qu'il en reste au moins un !*

Nul ne savait quel sort l'attendait là-bas. Il avait promis de donner de ses nouvelles d'une façon ou d'une autre mais après un an on n'avait toujours rien reçu.

Les Chepilov s'étaient installés à Paris où ils avaient ouvert une librairie rue Jacob, et Nathalie leur avait écrit pour leur demander si, pendant quelque temps, ils accepteraient de s'occuper de Jonas, qu'elle mettrait dans un lycée de Paris tandis qu'elle tenterait à son tour le voyage de Russie.

C'est ainsi qu'il était entré à Condorcet.

Depuis, une autre guerre avait éclaté, à laquelle sa vue l'avait empêché de prendre part, les populations avaient été brassées à nouveau, il y avait eu d'autres exodes, d'autres vagues de réfugiés.

Jonas s'était adressé à toutes les autorités imaginables, aussi bien russes que françaises, sans obtenir de nouvelles des siens.

Pouvait-il espérer que son père, à quatre-vingt-deux ans, et sa mère, à soixante-seize, vivaient encore ?

Qu'était devenue tante Zina, dans la maison de qui on se perdait, et ses sœurs, dont il ne connaissait pas le visage ?

Doucia savait-elle seulement qu'elle avait un frère quelque part dans le monde ?

Autour de lui, les murs étaient couverts de vieux livres. Dans son cagibi se trouvait un gros poêle que, l'hiver, il chauffait à blanc, par volupté, et aujourd'hui, il aurait juré que des odeurs de hareng traînaient encore dans la cuisine.

Le vaste toit du marché baignait au soleil sa vitrine et, tout autour, il y avait des boutiques guère plus grandes que la sienne sauf du côté de

72

la rue de Bourges où se dressait l'église Sainte-Cécile.

Il pouvait mettre un nom sur chaque visage, il reconnaissait les voix de chacun et, quand on le voyait sur son seuil ou quand il entrait chez Le Bouc, on lui lançait :

— Salut, monsieur Jonas !

C'était un univers dans lequel il se calfeutrait et Gina était entrée un beau jour, roulant des hanches, traînant derrière elle une chaude odeur d'aisselles, dans cet univers-là.

Elle venait de le quitter et il était pris de vertige.

4

La visite de Frédo

Ce n'était pas encore ce jour-là que les complications devaient commencer mais il ne se sentait pas moins comme quelqu'un qui couve une maladie.

Dans l'après-midi, heureusement, les clients furent assez nombreux dans la boutique et il reçut entre autres la visite de M. Legendre, un chef de train retraité qui lisait un livre par jour, parfois deux, venait les échanger par demi-douzaine et s'asseyait sur une chaise pour bavarder. Il fumait une pipe d'écume qui, à chaque aspiration, émettait une sorte de glouglou et, comme il avait l'habitude de tasser du doigt le tabac incandescent, la première phalange de son index était d'un brun doré.

Il n'était ni veuf, ni célibataire. Sa femme, petite et maigre, un chapeau noir sur la tête, faisait le marché trois fois par semaine et s'arrêtait devant tous les étals en discutant les prix avant d'acheter une botte de poireaux.

M. Legendre resta près d'une heure. La porte était ouverte. Dans l'ombre du marché couvert, le ciment, lavé à grande eau, séchait lentement, en laissant des plaques mouillées, et, comme c'était jeudi, une bande d'enfants en avait pris possession qui, cette fois, jouaient aux cow-boys.

Deux ou trois clients avaient interrompu le discours du retraité et celui-ci attendait, en habitué, que Jonas ait fini de les servir, pour reprendre l'entretien au point exact où il l'avait laissé.

— Je disais que...

A sept heures, Jonas hésita à fermer la porte à clef pour aller dîner chez Pépito, comme il lui semblait qu'il aurait dû le faire mais il n'en eut pas le courage. Il préféra traverser la place et acheter des œufs à la crémerie Coutelle où, comme il s'y attendait, Mme Coutelle lui demanda :

— Gina n'est pas là ?

C'était sans conviction, maintenant, qu'il répondait :

— Elle est allée à Bourges.

Il se prépara une omelette. Cela lui faisait du bien de s'occuper. Ses gestes étaient minutieux. Au moment de verser les œufs battus dans la poêle, il céda à la gourmandise comme à midi pour la tarte aux pommes, et alla cueillir dans la cour quelques brins de ciboulette qui poussaient dans une caisse.

N'aurait-il pas dû, puisque Gina était partie, être indifférent à ce qu'il mangeait ? Il rangea le beurre, le pain, le café sur la table, déplia sa serviette et prit son repas lentement avec l'impression qu'il ne pensait à rien.

Il avait lu, dans il ne savait plus quel livre, probablement des souvenirs de guerre, que les blessés les plus graves sont presque toujours un certain temps sans ressentir de douleur, qu'il arrive même qu'ils ne s'aperçoivent pas tout de suite qu'ils sont touchés.

Dans son cas, c'était un peu différent. Il ne ressentait ni douleur violente, ni désespoir. C'était plutôt un vide qui s'était fait en lui. Il n'était plus en équilibre. La cuisine, qui n'avait pourtant pas changé, lui semblait, non pas étrangère, mais sans vie, sans consistance, comme s'il l'avait regardée sans ses lunettes.

Il ne pleura pas, ne gémit pas plus ce soir-là que la veille. Après avoir mangé une banane qui avait encore été achetée par Gina, il fit la vaisselle, balaya la cuisine, puis alla sur le seuil regarder le soleil qui déclinait.

Il ne resta pas, parce que les Chaigne, les épiciers d'à côté, avaient apporté leurs chaises sur le trottoir et s'entretenaient à mi-voix avec le boucher qui était venu leur tenir compagnie.

Si Jonas n'avait plus ses timbres de valeur, tout au moins lui restait-il sa collection de timbres de Russie, car, celle-là, à laquelle il n'attachait qu'une importance sentimentale, il l'avait collée dans un album comme, dans d'autres maisons, on colle les portraits de famille.

Pourtant, il ne se sentait pas particulièrement russe, et, la preuve, c'est qu'il ne se considérait chez lui qu'au Vieux-Marché.

Les commerçants, quand les Milk s'y étaient installés, s'étaient montrés accueillants et, bien que le père Milk, au début, ne parlât pas un mot de français, ils n'avaient pas tardé à faire de bonnes affaires. Cela provoquait parfois chez lui un gros rire sans amertume, de débiter du poisson à la livre alors que, quelques années plus tôt, il possédait la plus importante flottille de pêche d'Arkhangelsk, dont les bateaux allaient jusqu'au Spitzberg et à la Nouvelle-

Zemble. Peu de temps avant la guerre, il avait même armé à la baleine et c'était peut-être par une sorte d'humour bien à lui qu'il avait appelé son fils Jonas.

Nathalie avait été plus lente à s'habituer à leur nouvelle vie et son mari la taquinait en russe, devant les clients qui ne pouvaient pas comprendre.

— Allons, Ignatievna Oudonov, trempe tes belles petites mains dans cette caisse et sers une demi-douzaine de merlans à la grosse dame.

Jonas ne savait presque rien de la famille des Oudonov, la famille de sa mère, sinon que c'étaient des marchands qui fournissaient les bateaux. Alors que Constantin Milk, dont le grand-père était déjà armateur, gardait des allures plébéiennes et un peu frustes, les Oudonov aimaient les manières et se frottaient à la haute société.

Quand il était de bonne humeur, Milk n'appelait pas sa femme Nathalie, mais Ignatievna Oudonov, ou simplement Oudonov, et elle prenait un air pincé comme si c'eût été un reproche.

Ce qui la désespérait le plus, c'est qu'il n'y eût pas de synagogue dans la ville car les Milk, comme les Oudonov, étaient juifs. Il y en avait d'autres dans le quartier, surtout parmi les brocanteurs et les boutiquiers de la rue Haute, mais, parce que les Milk étaient d'un blond roux, avaient le teint clair et les yeux bleus, les gens du pays ne paraissaient pas se rendre compte de leur race.

Pour tout le monde ils étaient des Russes. Et c'était vrai dans un sens.

A l'école, au début, quand il parlait à peine le français et employait des locutions souvent cocasses, Jonas avait été l'objet de quolibets, mais cela n'avait pas duré.

— Ils sont gentils, disait-il à ses parents quand ceux-ci lui demandaient comment ses camarades se comportaient à son égard.

C'était exact. Tout le monde était gentil avec eux. Après le départ de son père, personne n'entrait dans le magasin sans demander à Nathalie :

— Vous n'avez toujours pas de ses nouvelles ?

Jonas était assez fier, au fond, que sa mère l'eût abandonné pour aller rejoindre son mari. Cela l'avait désemparé davantage de quitter le Vieux-Marché pour entrer à Condorcet et, surtout, de retrouver les Chepilov.

Serge Sergeevitch Chepilov était un intellectuel et cela se sentait dans ses attitudes, dans sa façon de parler, de regarder ses interlocuteurs avec une certaine condescendance. Depuis onze ans qu'il vivait en France, il se considérait encore comme en exil et appartenait à tous les groupements de Russes blancs, collaborait à leur journal et à leurs revues.

Quand, les jours de congé, Jonas allait les voir à la librairie de la rue Jacob, au fond de laquelle ils vivaient dans un minuscule studio, Chepilov affectait de lui adresser la parole en russe puis, se reprenant, disait avec amertume :

— C'est vrai que tu as oublié la langue de ton pays !

Chepilov vivait toujours. Sa femme, Nina Ignatievna, aussi. Vieux tous les deux, ils s'étaient installés à Nice, où des articles, que Chepilov plaçait de temps en temps dans les journaux, leur permettaient de végéter. Autour du samovar, ils finissaient leurs jours dans le culte du passé et le mépris du présent.

— Si ton père n'a pas été fusillé ou envoyé en Sibérie c'est qu'il s'est rallié au Parti et, dans ce cas, je préfère ne jamais le revoir.

Jonas n'avait de haine pour personne, pas même pour les bolchevistes dont l'avènement avait dispersé sa famille. S'il pensait souvent à Doucia, c'était moins comme à un être réel que comme à une sorte de fée. Dans son esprit, Doucia ne ressemblait à personne qu'il connût, elle était devenue le symbole d'une féminité fragile et tendre à l'évocation de laquelle les larmes lui montaient aux yeux.

Pour ne pas rester ce soir-là sans rien faire, il feuilleta ses timbres de Russie, et, dans le cagibi où il avait allumé la lampe, l'histoire de son pays défilait devant ses yeux.

Cette collection-là, presque complète, il avait été longtemps à la réaliser et elle lui avait demandé beaucoup de patience, des lettres et des échanges avec des centaines de philatélistes, encore que l'album entier eût moins de valeur commerciale que quatre ou cinq des vignettes emportées par Gina.

Le premier timbre, qui était le premier émis en Russie, en 1857, représentait l'aigle en relief et, si Jonas possédait le dix et le vingt kopecks, il n'avait jamais pu se procurer le trente kopecks.

Pendant des années, le même symbole avait servi, avec de légères variantes, jusqu'au tricentenaire de 1905, que le condisciple de Condorcet lui avait révélé.

Puis, dès 1914 venaient, avec la guerre, les timbres de bienfaisance à l'effigie de Murometz et du Cosaque du Don. Il aimait en particulier, pour sa gravure et son style, un saint Georges tuant le dragon qui n'était pourtant coté que quarante francs.

Il pensait en les maniant :

— Quand ce timbre a été émis, mon père avait vingt ans... Il en avait vingt-cinq... Il rencontrait ma mère... Celui-ci date de la naissance d'Aliocha...

En 1917, c'était le bonnet phrygien de la République démocratique, avec les deux sabres croisés, puis les timbres de Kerenski, sur lesquels une main vigoureuse brisait une chaîne.

1921, 1922 voyaient sortir des vignettes aux traits plus durs, plus épais, et, dès 1923, les commémorations recommençaient, mais plus celles des Romanov, celle du quatrième anniversaire de la révolution d'Octobre, puis du cinquième anniversaire de la République soviétique.

Des timbres de bienfaisance encore, au moment de la famine, puis, avec l'U.R.S.S., des figures d'ouvriers, de laboureurs, de soldats, l'effigie de Lénine, en rouge et noir, pour la première fois en 1924.

Il ne s'attendrissait pas, restait sans nostalgie. C'était plutôt la curiosité qui l'avait poussé à rassembler ces images d'un monde lointain et à les coller bout à bout.

Un village samoyède ou un groupe de Tadjiques près d'un champ de blé le plongeaient dans la même rêverie qu'un enfant devant un livre d'images.

L'idée ne lui était jamais venue à l'esprit de retourner là-bas et ce n'était pas par peur du sort qui l'y attendait peut-être, ni, comme Chepilov, par haine du Parti.

Dès qu'il avait eu l'âge, au contraire, deux ans

avant la guerre, il avait renoncé à son passeport Nansen et obtenu la naturalisation française.

La France elle-même était trop grande pour lui. Après le lycée, il avait travaillé quelques mois dans une librairie du boulevard Saint-Michel et les Chepilov n'en avaient pas cru leurs oreilles lorsqu'il leur avait annoncé qu'il préférait retourner dans le Berry.

Il y était revenu, seul, avait loué une chambre meublée chez la vieille demoiselle Buttereau, qui était morte pendant la guerre, et était entré comme commis à la librairie Duret, rue de Bourges.

Elle existait toujours. Le père Duret était retiré, presque gâteux, mais les deux fils continuaient le commerce. C'était la librairie-papeterie la plus importante de la ville et une vitrine y était consacrée aux objets de piété.

Il ne mangeait pas encore chez Pépito, à cette époque-là, parce que c'était trop cher. Quand la boutique de bouquiniste, où il vivait maintenant, s'était trouvée libre, il s'y était installé comme si la rue de Bourges, pourtant à deux pas, eût été encore trop lointaine.

Il se retrouvait en plein cœur du Vieux-Marché de son enfance et chacun l'y avait reconnu.

Soudain, le départ de Gina détruisait cet équilibre, acquis à force d'obstination, avec la même brutalité que la révolution, autrefois, avait éparpillé les siens.

Il ne feuilleta pas l'album jusqu'au bout. Il se prépara une tasse de café, alla retirer le bec-de-cane de la porte, tourner la clef, mettre la barre, et, un peu plus tard, il montait dans sa chambre.

Ce fut, comme toujours quand il n'y avait pas

marché, une nuit calme, sans un bruit, sinon parfois un klaxon lointain et le roulement plus lointain encore d'un train de marchandises.

Seul dans son lit, sans les lunettes qui lui donnaient l'air d'un homme, il se recroquevilla comme un enfant qui a peur et finit par s'endormir, une moue de chagrin aux lèvres, une main à la place que Gina aurait dû occuper.

Quand le soleil l'éveilla en pénétrant dans la chambre, l'air était toujours aussi tranquille et les cloches de Sainte-Cécile sonnaient la première messe. D'un coup, il retrouva le vide de sa solitude et faillit passer ses vêtements sans se laver, comme cela lui arrivait parfois avant Gina. Mais il voulait coûte que coûte faire les mêmes gestes que tous les jours, au point qu'il hésita lorsqu'on lui servit les croissants à la boulangerie d'en face.

— Trois seulement, finit-il par murmurer à regret.

— Gina n'est pas là ?

Ceux-là ne savaient pas encore. Il est vrai qu'ils étaient presque nouveaux sur la place, où ils n'avaient racheté leur fonds de commerce que cinq ans auparavant.

— Non. Elle n'est pas là.

Cela le surprit qu'on n'insistât pas, qu'on prît la nouvelle avec indifférence.

Il était sept heures et demie. Il n'avait pas fermé la porte pour traverser la place. Il ne le faisait jamais. Quand il rentra, il eut un sursaut, car un homme se dressait devant lui et, comme il marchait tête baissée, plongé dans ses pensées, il ne l'avait pas reconnu tout de suite.

— Où est ma sœur ? questionnait la voix de Frédo.

C'était lui qui se tenait debout au milieu de la

boutique, en blouson de cuir, ses cheveux noirs, encore humides, marqués par le peigne.

Depuis la veille, Jonas s'attendait à quelque chose mais il fut pris de court, balbutia, tenant toujours à la main ses croissants enveloppés de papier de soie brun :

— Elle n'est pas rentrée.

Frédo était aussi grand, plus large d'épaules que son père, et, quand il se mettait en colère, on voyait palpiter ses narines dont les parois se collaient.

— Où est-elle allée ? poursuivait-il sans détacher de Jonas son regard soupçonneux.

— Je... mais... à Bourges.

Il ajouta, et peut-être eut-il tort, surtout s'adressant à Frédo :

— En tout cas, elle m'a dit qu'elle allait à Bourges.

— Quand a-t-elle dit ça ?

— Hier matin.

— A quelle heure ?

— Je ne me souviens pas. Avant le départ du car.

— Elle a pris le car de sept heures dix, hier matin ?

— Elle a dû.

Pourquoi tremblait-il devant un gamin de dix-neuf ans qui se permettait de lui réclamer des comptes ? Il n'était pas le seul, dans le quartier, à avoir peur de Frédo. Le fils Palestri avait, depuis son plus jeune âge, un caractère renfermé, les gens disaient sournois.

C'était vrai qu'il ne paraissait aimer personne, sinon sa sœur. Avec son père, quand celui-ci avait trop bu, il se conduisait d'une façon insupportable et les voisins avaient entendu des scènes odieuses. On prétendait qu'une fois Frédo avait giflé Palestri et que sa mère s'était précipitée sur lui, l'avait enfermé dans sa chambre comme un gamin de dix ans.

Il en était sorti par la fenêtre et les toits, était resté absent huit jours, pendant lesquels il avait cherché en vain du travail à Montluçon.

Il n'avait pas son brevet supérieur et refusait d'apprendre un vrai métier. Il avait travaillé chez plusieurs commerçants, comme garçon de course, comme livreur, plus tard comme vendeur. Nulle part, il n'était resté plus de quelques mois ou de quelques semaines.

Il n'était pas paresseux. Comme disait un de ses anciens patrons :

— Ce garçon-là est rebelle à toute discipline. Il veut être général avant d'être simple soldat.

Autant Jonas aimait le Vieux-Marché, autant Frédo semblait le haïr, comme il méprisait et haïssait, en bloc, ses habitants, comme il aurait haï, sans doute, n'importe quel endroit où il se fût trouvé.

Angèle, seule, affectait de le traiter comme s'il était encore un enfant, mais il n'était pas sûr qu'elle n'en eût pas peur aussi. Il avait quinze ans quand elle avait trouvé dans sa poche un long couteau à cran d'arrêt qu'il passait des heures à effiler amoureusement. Elle le lui avait pris. Il avait dit, indifférent :

— J'en achèterai un autre.

— Je te le défends.

— De quel droit ?

— Je suis ta mère, tiens !

— Comme si tu l'avais fait exprès ! Je parie que mon père était saoul !

Il ne buvait pas, n'allait pas au bal, fréquentait un petit bar du quartier italien, dans la mauvaise partie de la rue Haute, où Polonais et

Arabes se mélangeaient et où l'on voyait toujours, au fond de la salle, des groupes d'hommes qui tenaient d'inquiétants conciliabules. L'endroit s'appelait le Louxor-Bar. A la suite du *hold-up* de Marcel, la police s'y était intéressée, car Marcel, avant Frédo, en avait été un des habitués.

Tout ce qu'on avait trouvé, c'était un ancien boxeur, interdit de séjour, dont les papiers n'étaient pas en règle. Depuis, on n'en tenait pas moins le Louxor à l'œil.

Jonas n'avait pas peur dans le vrai sens du mot. Même si Frédo le frappait dans un mouvement de rage, cela lui était indifférent. Il n'était pas brave, mais savait que la douleur physique ne dure pas indéfiniment.

C'était Gina qu'il avait l'impression de défendre à ce moment et il sentait qu'il pataugeait, il aurait juré que son visage était devenu rouge jusqu'à la racine des cheveux.

— Elle a annoncé qu'elle ne rentrerait pas coucher ?

— Je...

Il réfléchit très vite. Déjà une fois, quand il avait été question de Bourges, il avait parlé en l'air. Maintenant, il devait faire attention.

— Je ne m'en souviens pas.

Le jeune homme eut un ricanement insultant.

— Vous ne vous rappelez pas si vous deviez l'attendre ou non ?

— Elle ne savait pas elle-même.

— Dans ce cas, elle a emporté sa valise ?

Penser vite, toujours, et ne pas s'empêtrer, ne pas se contredire. Malgré lui, il eut un bref coup d'œil à l'escalier.

— Je ne crois pas.

— Elle ne l'a pas emportée, affirma Frédo.

Sa voix se durcit, devint accusatrice.

— Sa valise est dans le placard, là-haut, et son manteau.

Il attendait une explication. Qu'est-ce que Jonas pouvait répondre ? Etait-ce le moment d'avouer la vérité ? Etait-ce au frère de Gina qu'il devait faire cette confession ?

Il se raidit, parvint à dire sèchement :

— C'est possible.

— Elle n'a pas pris le car pour Bourges.

Il feignit l'étonnement.

— J'avais un camarade dans le car et il ne l'a pas vue.

— Elle a peut-être pris le train.

— Pour aller voir la Loute ?

— Je suppose.

— Gina n'est pas allée voir la Loute non plus. Je lui ai téléphoné ce matin avant de venir.

Jonas ignorait que la Loute avait le téléphone, et que Frédo était en relations avec elle. S'il connaissait son numéro, sans doute était-il déjà allé la voir là-bas ?

— Où est ma sœur ?

— Je ne sais pas.

— Quand est-elle partie ?

— Hier matin.

Il faillit ajouter :

— Je le jure.

Il le croyait presque, à force de l'avoir répété. Quelle différence cela faisait-il que Gina soit partie le mercredi soir ou le jeudi matin ?

— Personne ne l'a vue.

— On est tellement habitué à la voir passer qu'on n'y fait plus attention.

On aurait dit que Frédo, qui le dépassait de la tête, hésitait à le saisir aux épaules pour le secouer et Jonas ne bougeait pas, résigné. Il ne détourna pas les yeux jusqu'au moment où son interlocuteur se dirigea vers la porte sans le toucher.

— On verra bien... gronda Frédo d'un ton lourd.

Jamais matin n'avait été si lumineux et si calme. La place avait à peine commencé à vivre et on entendait l'épicier qui baissait son store orange dont la manivelle grinçait seule dans le silence.

Debout dans l'encadrement de la porte, Frédo formait une ombre immense et menaçante.

Au moment de tourner le dos, il ouvrit la bouche sans doute pour une injure, se ravisa, traversa le trottoir et mit sa moto en marche.

Jonas restait toujours immobile au milieu de la boutique, oubliant ses croissants, oubliant que c'était l'heure du petit déjeuner. Il s'efforçait de comprendre. La veille, déjà, il avait eu l'intuition d'un danger qui le guettait et, maintenant, on venait le menacer chez lui.

De quoi ? Pourquoi ?

Il n'avait rien fait d'autre que prendre, dans sa maison, la femme qu'Angèle lui avait donnée, et, pendant deux ans, il s'était efforcé de lui procurer la paix.

— *Elle est allée à Bourges...*

Il avait dit cela en l'air, pour se débarrasser des questions, et voilà que cela en entraînait de nouvelles. Pendant qu'il était à la boulangerie, Frédo, non seulement était entré chez lui, mais il était monté là-haut, avait ouvert le placard, fouillé l'armoire à glace, puisqu'il savait que sa sœur n'avait emporté ni valise ni manteau.

Etait-il possible qu'*ils* pensent ce qui lui venait soudain à l'esprit ?

De rouge qu'il était, il devenait pâle, tant

c'était absurde et terrible. Est-ce qu'on croyait vraiment, est-ce que c'était venu à l'idée de qui que ce fût, ne fût-ce que de Frédo, qu'il s'était débarrassé de Gina ?

Ne savaient-ils pas tous, tous ceux du Vieux-Marché, et même de la ville, que ce n'était pas la première fugue de sa femme, qu'elle en avait fait avant lui, alors qu'elle vivait encore chez ses parents, et que c'était pour cela qu'on la lui avait donnée ?

Il ne gardait aucune illusion là-dessus. Personne d'autre ne l'aurait épousée. Et Gina n'avait pas le calme, le sang-froid de la Loute, qui s'en tirait plus ou moins à Bourges.

C'était une femelle qui ne se contrôlait pas, ils le savaient tous, y compris son père.

Pourquoi, bon Dieu, l'aurait-il...

Même en esprit, il hésitait à formuler le mot, à le penser. Ne valait-il cependant pas mieux regarder la réalité en face ?

Pourquoi l'aurait-il tuée ?

C'est cela, il en était sûr, que Frédo soupçonnait. Et peut-être, la veille, la même idée était-elle déjà venue, sous une forme plus vague, à l'esprit de Palestri.

Autrement, pour quelle raison l'aurait-on harcelé de la sorte ?

S'il était jaloux, s'il souffrait chaque fois que Gina courait le mâle, chaque fois qu'il sentait sur elle une odeur étrangère, il n'en avait jamais rien laissé voir à personne, même à elle. Il ne lui avait jamais adressé un reproche.

Au contraire ! Quand elle rentrait, il se montrait plus tendre que jamais, pour qu'elle oublie, pour éviter qu'elle ne se sente gênée devant lui.

Il avait besoin d'elle, lui aussi. Il voulait la

garder. Il ne se croyait pas le droit de l'enfermer, comme Angèle avait une fois enfermé son fils.

Pensaient-ils vraiment ça ?

Il faillit courir tout de suite chez Palestri pour avouer la vérité à Angèle, mais il se rendit compte qu'il était trop tard. On ne le croirait plus. Il avait trop répété qu'elle était allée à Bourges, fourni trop de détails.

Peut-être allait-elle revenir, malgré tout ? Le fait qu'elle n'avait pas emporté son manteau le déroutait. Car, si elle était cachée quelque part dans la ville, pourquoi aurait-elle pris les timbres qu'elle n'aurait pas pu y vendre ?

Il avait gagné la cuisine, machinalement, et, une fois de plus, avec des gestes mécaniques, il préparait du café, s'asseyait pour le boire et manger ses croissants. Le tilleul des Chaigne était plein d'oiseaux et il ouvrit la porte de la cour pour leur jeter des miettes comme il en avait l'habitude.

Si seulement il lui avait été possible de questionner l'employé de la gare, il saurait, mais, pour cela aussi, il était trop tard.

Est-ce que quelqu'un attendait Gina en auto ? Cela aurait expliqué qu'elle soit partie sans manteau. Il pouvait encore se présenter à la police et tout dire, demander qu'on entreprenne des recherches. Qui sait ? Demain, on lui reprocherait peut-être de ne pas l'avoir fait et on y verrait une preuve contre lui !

Toujours sans y penser, il monta dans la chambre où la porte du placard et les deux portes de l'armoire étaient restées ouvertes. Il y avait même, par terre, un de ses pantalons. Il le remit en place, fit le lit, nettoya la toilette et changea la serviette sale. C'était le jour du blanchisseur et il pensa à préparer le linge, puisque

Gina n'était pas là pour le faire. Dans la corbeille qu'il renversa, il y avait des slips, des soutiens-gorge ; il commença à inscrire les différentes pièces, fut interrompu par des pas au rez-de-chaussée.

C'était Mme Lallemand, la mère de la petite infirme qui s'était rendue la veille à Bourges. Elle venait échanger des livres pour sa fille.

— Qu'est-ce que le docteur a dit ? pensa-t-il à s'informer.

— Il paraît qu'il y a, à Vienne, un spécialiste qui pourrait peut-être la guérir. Ce n'est pas sûr et il faudrait entreprendre le voyage, rester là-bas plusieurs mois, dans un pays dont on ne connaît pas la langue. Cela coûte cher. Ma fille prétend qu'elle préfère rester comme elle est, mais je vais quand même écrire à son oncle, qui a un bon commerce à Paris et qui nous aidera peut-être.

Pendant qu'il choisissait les livres, la femme semblait attentive au silence de la maison où, à cette heure, on aurait dû entendre Gina aller et venir.

— Votre femme n'est pas ici ?

Il se contenta de faire non de la tête.

— Hier, quelqu'un a demandé à ma fille si elle avait fait le voyage avec elle.

— Vous ne savez pas qui ?

— Je ne l'ai pas demandé. Je m'occupe si peu des autres, vous savez...

Il ne réagit pas. Désormais, il s'attendait à tout. Son sentiment dominant n'était même pas la crainte, mais la déception, et pourtant il n'avait jamais rien attendu des gens, s'était contenté de vivre dans son coin aussi humblement que possible.

— Je crois que ces deux-ci lui plairont.

— Il n'y est pas question de maladies ?

— Non. Je les ai lus.

C'était vrai qu'il lui arrivait de lire des romans pour jeunes filles et d'y prendre plaisir. A ces moments-là, justement, il pensait à Doucia, à qui il donnait successivement le visage des héroïnes.

On vint ensuite lui présenter la facture du gaz et il ouvrit le tiroir-caisse, paya, voulut monter pour finir de préparer le linge quand un jeune homme lui offrit en vente des livres de classe. Jonas aurait juré qu'il viendrait les lui racheter dans une semaine ou deux, qu'il les vendait seulement parce qu'il avait besoin d'argent de poche. Comme il n'avait pas à se mêler des affaires des autres, il cita néanmoins un chiffre.

— Seulement ?

Il restait commerçant.

— S'ils n'étaient pas en si mauvais état...

Il y en avait trois rayons, rien que pour le lycée, et c'était ce qui rapportait le plus, parce que les éditions changeaient rarement et que les mêmes livres, en quelques années, lui passaient un grand nombre de fois par les mains. Il y en avait qu'il reconnaissait, à une tache sur la couverture, par exemple, avant de les prendre en main.

Il put monter enfin, terminer sa liste, nouer le linge sale dans une taie d'oreiller qu'il glissa sous le comptoir pour quand passerait le blanchisseur. Cela ne lui paraissait pas extraordinaire d'envoyer le linge de Gina à laver. Dans son esprit, elle faisait toujours, elle ferait toujours, partie de la maison.

A dix heures, il se dirigea vers le bar de Le Bouc, où il n'y avait qu'un chauffeur de poids lourd qu'il ne connaissait pas. Il entendit l'habituel :

— Salut, monsieur Jonas.

Et il répondit rituellement :

— Salut, Fernand. Un café-expresso, s'il vous plaît.

— Voilà.

Il saisissait ses deux morceaux de sucre qu'il commençait à déballer. Le chauffeur tenait son vin blanc à la main sans rien dire, tout en surveillant le camion par la fenêtre. Contrairement à son habitude, Le Bouc manœuvrait en silence le percolateur et Jonas lui trouva un air gêné.

Il s'était attendu à une question et, comme elle ne venait pas, prononça quand même :

— Gina n'est pas rentrée.

Fernand murmura en posant la tasse fumante sur le comptoir :

— C'est ce qu'on m'a dit.

On en avait donc parlé ici aussi. Pas Frédo, à coup sûr, qui ne fréquentait pas les bars du Vieux-Marché. Etait-ce Louis ? Mais comment Louis l'aurait-il su, puisque son fils, en partant, s'était dirigé vers la ville ?

Il est vrai qu'on avait bien questionné la jeune infirme à sa descente du car !

Il ne comprenait plus. Il y avait, dans cette méfiance subite, quelque chose qui le dépassait. La fois que Gina était restée trois jours absente, cela n'avait provoqué aucun commentaire et, tout au plus, certains l'avaient-ils regardé d'un œil goguenard.

Seul le boucher lui avait lancé :

— Comment va ta femme ?

Il avait répondu :

— Très bien.

Et Ancel s'était exclamé, avec un coup d'œil complice à la ronde :

— Parbleu !

Pourquoi ce qui les amusait six mois plus tôt était-il pris maintenant au tragique ? S'il avait été seul avec Le Bouc, il aurait été tenté de lui demander. Il ne l'aurait sans doute pas fait en fin de compte, par pudeur, mais il en aurait eu envie.

Quel besoin, aussi, avait-il de s'expliquer, comme s'il se sentait coupable ? Il ne pouvait pas s'empêcher, à présent encore, de prononcer avec une indifférence mal jouée :

— Elle aura été retenue.

Le Bouc se contenta de soupirer en évitant de le regarder :

— Sans doute.

Qu'est-ce qu'il avait fait ? Hier matin, alors que Gina était déjà partie, il se sentait encore de plain-pied avec eux.

On le laissait tomber, tout à coup, sans un mot d'explication, sans qu'il pût présenter sa défense.

Il n'avait rien fait, rien !

Allait-il être obligé de le leur crier ?

Il était si troublé qu'il demanda, comme s'il ne savait pas depuis longtemps le prix du café :

— Combien ?

— Trente francs, comme toujours.

On devait parler de lui autour de la place. Il y avait des bruits qu'il ignorait. Il devait surtout y avoir, quelque part, un malentendu que deux ou trois phrases suffiraient à dissiper.

— Je commence à être inquiet, dit-il encore avec un sourire forcé.

Cela tomba dans le vide. Le Bouc restait devant lui comme un mur.

Jonas avait tort. Il parlait trop. Il avait l'air de se défendre avant qu'on l'accuse. Or, personne n'oserait jamais l'accuser de s'être débarrassé de Gina.

Frédo, peut-être. Mais, lui, tout le monde le connaissait pour un exalté.

Encore une fois, il n'était coupable de rien. Il n'avait rien à cacher. S'il avait parlé de Bourges, c'était par délicatesse vis-à-vis de Gina. Il n'avait pas ouvert la cassette à ce moment-là et il croyait à une fugue d'une nuit ou de deux jours. Aurait-il mieux agi en répondant aux gens qui lui demandaient des nouvelles de sa femme :

— Elle est dans le lit de je ne sais quel homme.

On devait le croire quand il affirmait que ce n'était ni par vanité, ni par respect humain, qu'il avait parlé de Bourges. S'il avait été vaniteux, il n'aurait pas épousé Gina, dont personne ne voulait, et cela avait fait assez rire le quartier de la voir se marier en blanc. Angèle elle-même avait essayé de s'y opposer.

— Toutes mes amies se sont mariées en blanc, avait-elle répliqué.

— Tes amies ne sont pas toi.

— Je n'en connais pas une qui se soit mariée vierge, si c'est ça que tu veux dire, et tu ne l'étais pas non plus quand tu as épousé papa.

Ce qu'elle disait de ses amies et de sa mère était peut-être vrai. Angèle, d'ailleurs, n'avait pas répliqué. Seulement les autres ne s'étaient pas affichées comme elle.

S'il avait été ridicule, en grande tenue, lui aussi, en sortant de l'église à son bras, il n'en avait pas moins regardé fièrement autour de lui.

Il n'était pas vaniteux. Il n'avait pas honte de ce qu'elle était.

Et cependant il venait d'essayer de se mentir à lui-même en se persuadant que c'était pour elle, et non pour lui, qu'il avait inventé le voyage à Bourges.

De quoi aurait-il voulu la protéger, puisqu'elle n'avait jamais essayé de cacher ses aventures ? Quant aux autres, ils devaient être contents de la voir le tromper et lui en être reconnaissants.

Il n'en avait pas moins répondu :

— *Elle est allée à Bourges.*

Ensuite, il s'y était tenu farouchement.

Tout en se dirigeant vers sa boutique, où un inconnu feuilletait les livres des boîtes, il cherchait la réponse, ou plutôt il cherchait à l'admettre, encore que cela ne lui fît pas plaisir.

S'il avait éprouvé le besoin de protéger Gina, n'était-ce pas, au fond, parce qu'il se sentait coupable envers elle ?

Il ne voulait plus y penser. C'était bien assez d'être allé jusque-là. S'il continuait dans cette direction, Dieu sait où il aboutirait dans la découverte de choses qu'il est préférable de ne pas connaître.

D'ailleurs, cela, tout le monde l'ignorait. Ce n'était pas de cela qu'on l'accusait ou qu'on allait l'accuser. Il ne l'avait pas tuée. Il ne s'en était pas débarrassé. Il n'était pas coupable dans leur sens à eux.

Pourquoi, dès lors, le regardait-on, même Le Bouc, celui qu'il aimait le mieux, chez qui il allait davantage en ami que par envie de café, pourquoi le regardait-on avec suspicion ?

— Combien ? lui demandait le client en lui tendant un livre sur la pêche sous-marine.

— Le prix est marqué au dos. Cent vingt francs.

— Cent francs, proposa l'autre.

Il répéta :

— Cent vingt.

Il devait avoir parlé d'un ton qui ne lui était pas habituel, car l'homme, en cherchant de la monnaie dans sa poche, le regarda avec étonnement.

5

La Maison Bleue

On le laissa tranquille jusqu'au lundi, trop tranquille même, car il en arrivait à croire qu'on faisait le vide autour de lui. Peut-être devenait-il trop susceptible et avait-il tendance à attribuer aux gens des intentions inexistantes ?

Après lui avoir, pendant deux jours, demandé des nouvelles de Gina avec autant d'insistance que si on lui eût réclamé des comptes, on ne lui en parlait plus et il soupçonnait ses interlocuteurs, Le Bouc, Ancel et les autres, d'éviter, exprès, toute allusion à sa femme.

Pourquoi cessaient-ils brusquement de s'intéresser à elle ? Et, s'ils savaient où elle était, quelle raison avaient-ils de le lui taire ?

Il était attentif aux moindres nuances. Par exemple, quand il avait déjeuné chez Pépito, le vendredi, le Veuf, cette fois, avait nettement battu des paupières comme au temps jadis, alors que la veille, il avait à peine cillé. Le chef de bureau considérait-il que Jonas était revenu définitivement et allait de nouveau prendre ses repas chaque jour en face de lui ?

Pépito ne s'était pas étonné de le revoir, mais ne lui avait pas demandé des nouvelles de Gina.

— Il y a de la morue à la crème, avait-il annoncé, sachant que Jonas l'aimait.

On ne pouvait pas dire qu'il se montrait froid, mais il était certainement plus réservé que d'habitude.

— Vous dînerez ici ce soir ? avait-il questionné quand Jonas s'était levé pour partir.

— Je ne crois pas.

En toute logique, Pépito aurait dû remarquer :

— Gina revient cet après-midi ?

Car Pépito ignorait pourquoi, bien que seul, Jonas préférait dîner chez lui. C'était, en réalité, pour ne pas reprendre tout à fait, d'un seul coup, son existence de célibataire, pour ne pas couper tous les liens avec l'autre vie qu'il avait connue, et aussi parce que cela l'occupait de préparer son repas et de laver la vaisselle.

L'après-midi avait été morne. Un air chaud pénétrait par la porte ouverte. Jonas avait entrepris de trier et de marquer un de ces lots de livres qu'il appelait des fonds de grenier, où il y avait de tout, surtout des prix qui portaient encore, d'une encre effacée, le nom de lauréats morts depuis longtemps.

Les clients avaient été rares. Louis était passé devant la boutique avec son triporteur en ralentissant mais ne s'était arrêté que devant le bar de Fernand.

A quatre heures, alors qu'il n'y était plus, Jonas était allé boire son café et Le Bouc avait montré la même réserve que le matin. Il s'était rendu ensuite chez Ancel afin d'acheter une côtelette pour son dîner. Ancel n'était pas là. Le commis le servit et Mme Ancel vint de l'arrière-boutique pour encaisser sans lui poser de questions.

Il dîna, mit de l'ordre, continua jusqu'assez tard à inventorier le fond de grenier qui formait une haute pile dans un coin et à réparer avec du papier gommé les ouvrages endommagés.

Il se tenait dans le magasin, où il y avait de la lumière, mais dont il avait enlevé le bec-de-cane. Tout le reste de la maison était sombre. Quelqu'un passa et repassa vers neuf heures, qu'il ne fit qu'entrevoir dans l'obscurité, et il aurait juré que c'était Angèle.

On l'épiait. On venait voir, sans rien lui demander, si Gina était rentrée.

Il se coucha à dix heures, s'endormit et bientôt les bruits des nuits de marché commencèrent. Le marché du samedi était le plus important et, à certaines heures, les voitures étaient obligées de monter sur le trottoir pour stationner. Il faisait plus chaud que la veille. Le soleil d'un jaune épais n'avait plus la même fluidité, et, vers onze heures, on put croire qu'un orage allait éclater, on vit les marchandes interroger le ciel avec inquiétude. Il éclata quelque part dans la campagne, car on entendit un roulement lointain, après quoi les nuages redevinrent lumineux et finirent par disparaître pour ne laisser que du bleu uni.

Il mangea encore chez Pépito, et le Veuf était là avec son chien. Ce fut Jonas, cette fois, comme pour chercher une sympathie, un appui si vague qu'il fût, qui battit des paupières le premier et M. Métras répondit, le visage sans expression.

Pépito fermait le dimanche et Jonas fit le tour des boutiques pour acheter des victuailles, tenant à la main le sac à provisions en paille tressée de Gina. Il n'acheta pas ses légumes chez Angèle, mais dans une boutique de la rue Haute. Ancel, cette fois, à la boucherie, le servit lui-même, sans lui lancer la moindre plaisanterie. Il dut aussi acheter du pain, du café et du sel qui manquaient et, pour le dimanche soir, il prit des spaghetti. C'était une tradition, du temps de Gina, parce que c'était vite préparé.

Le carreau du Vieux-Marché fut lavé au jet, quelques voitures vinrent s'y parquer et, le soir, comme la veille, il passa son temps à rafistoler des livres et à écrire au dos leur prix au crayon. Il avait parcouru le journal. Il n'espérait pas y trouver des nouvelles de sa femme, ne le souhaitait pas, car elles auraient été de mauvaises nouvelles, mais il fut néanmoins déçu.

C'était la quatrième nuit qu'il dormait seul, et, comme il s'était couché de bonne heure, il entendit des voisins rentrer du cinéma ; le lendemain, avant de se lever, il en entendit d'autres, surtout des femmes, qui se dirigeaient déjà vers l'église Sainte-Cécile.

Depuis qu'il avait épousé Gina, il allait à la messe avec elle chaque dimanche, toujours à la grand-messe de dix heures, et, pour cette occasion-là, elle se mettait en grande toilette, portait, l'été, un tailleur bleu, un chapeau et des gants blancs.

Quand il avait été question de mariage, il avait compris que, pour les Palestri, cela devait se passer à l'église.

Jusqu'alors, il n'y était jamais entré, que pour quelques enterrements, n'avait observé les rites d'aucune religion, sinon, jusqu'au départ de sa mère, ceux de la religion israélite.

Il n'avait pas dit qu'il était juif, ne l'avait pas caché non plus. Tout de suite après que la décision avait été prise, il était allé trouver le curé de Sainte-Cécile, l'abbé Grimault, et avait demandé à être baptisé.

Pendant trois semaines, presque chaque soir, à la cure, il avait pris des leçons de catéchisme, dans un petit parloir dont la table ronde était recouverte de peluche cramoisie avec des glands tout autour. Il y régnait une odeur à la fois fade et forte que Jonas n'avait jamais connue avant et qu'il ne devait retrouver nulle part ailleurs.

Pendant qu'il récitait comme à l'école, l'abbé Grimault, qui était né dans une ferme du Charolais, tirait sur son cigare en regardant dans le vide, ce qui ne l'empêchait pas de reprendre son élève dès que celui-ci se trompait.

Jonas lui avait demandé la discrétion et le curé avait compris. Il n'en avait pas moins fallu trouver un parrain et une marraine. Justine, la servante du curé, et le vieux Joseph, le sacristain qui était graveur de son état, remplirent ces fonctions et Jonas leur fit à chacun un beau cadeau. Il en fit un autre à l'église. Il avait écrit à Chepilov qu'il se mariait, mais n'avait pas osé lui parler de son baptême, ni de la cérémonie religieuse.

Cela lui avait fait plaisir de devenir chrétien, non seulement à cause du mariage, mais parce que cela le rapprochait des habitants du Vieux-Marché qui, presque tous, fréquentaient l'église. Au début, il s'y tenait un peu raide et faisait ses génuflexions ou ses signes de croix à contretemps, puis il avait pris l'habitude et Gina et lui occupaient chaque dimanche les mêmes places, au bord d'une rangée.

Il alla à la messe ce dimanche-là comme les autres dimanches et c'était la première fois qu'il s'y rendait seul. Il lui sembla qu'on le regardait gagner sa place et que certains se poussaient du coude à son passage.

Il ne pria pas, parce qu'il n'avait jamais vraiment prié, mais il en avait envie et, en regardant la flamme dansante des cierges, en respirant l'odeur de l'encens, il pensa à Gina, et aussi à sa sœur Doucia, dont il ne connaissait pas le visage.

Après l'office, des groupes se formaient sur le parvis et, pendant un quart d'heure, la place restait animée. Les vêtements du dimanche y mettaient une note gaie, puis, petit à petit, les trottoirs se vidaient et, pendant le reste de la journée, on ne voyait pour ainsi dire plus personne.

A midi, Ancel, qui travaillait le dimanche matin, fermait ses volets. Tous les autres volets de la place étaient déjà baissés, sauf ceux de la boulangerie-pâtisserie qui fermait à midi et demi.

Ce jour-là était, pour Jonas et sa femme, le jour de la cour. Cela signifiait que, par beau temps, c'était dans la cour qu'ils se tenaient s'ils ne sortaient pas. Il était presque impossible, en effet, l'été, de rester dans le magasin sans en ouvrir la porte, à cause du manque d'air, et si la porte restait ouverte, les passants se figuraient qu'ils n'observaient pas le repos dominical.

Non seulement ils passaient l'après-midi dans la cour, mais ils y déjeunaient, sous la branche de tilleul qui, passant par-dessus le mur des Chaigne, leur procurait de l'ombrage. Une vigne courait le long de ce mur, vieille et tordue, les feuilles piquées de rouille, qui n'en donnait pas moins chaque année quelques grappes d'un raisin acide.

Ils avaient essayé de garder un chat. Ils en

104

avaient eu plusieurs. Tous, pour une raison mystérieuse, étaient allés chercher un gîte ailleurs.

Gina n'aimait pas les chiens. En réalité, elle n'aimait aucune bête et, quand ils allaient se promener dans la campagne, elle épiait de loin les vaches d'un œil peu rassuré.

Elle n'aimait pas la campagne non plus, ni la marche. Elle n'avait jamais voulu apprendre à nager. Elle n'était dans son élément que quand ses talons très hauts frappaient le sol uni et dur d'un trottoir, et encore avait-elle horreur des rues tranquilles comme celle que Clémence habitait ; il lui fallait de l'animation, du bruit, le spectacle bariolé des étalages.

Lorsqu'ils allaient prendre un verre, elle ne choisissait pas les cafés spacieux de la place de l'Hôtel-de-Ville ou de la place du Théâtre, mais des bars où on trouvait une machine à musique.

Il lui avait acheté un poste de radio et, le dimanche, elle l'apportait dans la cour, se servant d'une rallonge pour le brancher à la prise de courant de la cuisine.

Elle ne cousait guère, se contentait de tenir ses vêtements et son linge plus ou moins en état et il manquait souvent un bouton à ses chemisiers, une bonne moitié de ses slips étaient troués.

Elle lisait, en écoutant la musique et en fumant des cigarettes, et il lui arrivait, au beau milieu de l'après-midi, de monter dans la chambre, de retirer sa robe et de s'étendre sur la couverture.

Il lut aussi, ce dimanche-là, dans un des deux fauteuils de fer qu'il avait achetés d'occasion pour la cour. Deux fois, il retourna dans le magasin pour changer de livre et, en fin de compte, s'intéressa à un ouvrage sur la vie des araignées. Il y en avait une dans un coin, qu'il connaissait depuis longtemps, et il lui arriva de lever les yeux pour l'observer avec un intérêt nouveau, en homme qui vient de faire une découverte.

Le courrier de la veille et du vendredi ne lui avait apporté aucune nouvelle de Gina. Il avait espéré, sans y croire, qu'elle lui enverrait peut-être un mot et il se rendait compte, à présent, que c'était une idée ridicule.

De temps en temps, sans que sa lecture en fût interrompue, sa pensée se superposait au texte imprimé dont il ne perdait pas le fil pour autant. Il est vrai qu'il ne s'agissait pas de pensées nettes, continues. Des images lui venaient à l'esprit, comme celle d'Angèle, puis, tout de suite après, sans raison, il imaginait Gina, nue sur un lit de fer, dans une chambre d'hôtel.

Pourquoi un lit de fer ? Et pourquoi, autour, des murs blanchis à la chaux, comme à la campagne ?

Il était improbable qu'elle se soit réfugiée à la campagne qu'elle détestait. Elle n'était sûrement pas seule. Depuis mercredi soir qu'elle était partie, elle avait dû s'acheter du linge, à moins qu'elle se soit contentée, le soir, de laver son slip et son soutien-gorge et de les remettre le matin sans les repasser.

Clémence, son mari et Poupou devaient être chez les Ancel, où toute la famille se réunissait le dimanche et où la plus jeune des filles, Martine, jouait du piano. Ils avaient une très grande cour, avec, au fond, la remise dont Gina avait parlé. Elle ne lui avait pas dit si elle s'était laissé faire par le boucher. C'était probable, mais c'était probable aussi qu'Ancel n'avait pas osé aller jusqu'au bout.

Deux fois, dans l'après-midi, il crut entendre le piano dont les sons, par certains vents, arrivaient jusqu'à sa cour.

Les Chaigne possédaient une auto et n'étaient pas chez eux le dimanche. Angèle dormait tout l'après-midi tandis que Louis, vêtu d'un complet bleu marine, allait jouer aux quilles et ne revenait qu'après avoir fait le tour des cafés de la ville.

A quoi un jeune homme comme Frédo employait-il son temps ? Jonas n'en savait rien. C'était le seul de la famille à ne pas aller à la messe et on ne le voyait pas de la journée.

Quelques vieilles, à cinq heures, passèrent pour se rendre au salut et les cloches sonnèrent pendant un moment. Le bar de Le Bouc était fermé. Jonas s'était préparé du café et, comme il avait une petite faim, il grignota un morceau de fromage.

Il ne s'était rien passé d'autre. Il avait dîné, puis, n'ayant pas le courage de travailler, il avait fini son livre sur les araignées. Il n'était que neuf heures et il était allé se promener, fermant la porte derrière lui, s'était dirigé vers le canal étroit où un pont-levis se dessinait en noir sur un ciel de lune. Deux péniches étroites, des berrichonnes, étaient amarrées au quai, et, tout autour, on voyait des ronds se former à la surface de l'eau.

Il passa devant chez Clémence, rue des Deux-Ponts, et, cette fois, il y avait de la lumière au premier étage. Clémence savait-elle quelque chose au sujet de Gina ? Même si elle savait, elle ne lui dirait rien. Il ne s'arrêta pas comme il en était tenté, passa vite, au contraire, car la fenêtre était ouverte et Reverdi, en manches de chemise, allait et venait dans la chambre tout en parlant.

À mesure qu'il se rapprochait de chez lui, les volets baissés, dans les rues, les trottoirs déserts, le silence lui donnaient une sorte de malaise et il se surprit à hâter le pas comme pour fuir quelque menace imprécise.

Est-ce parce que d'autres, comme Gina, ressentaient la même peur, qu'ils se précipitaient dans les bars violemment éclairés où on trouve des éclats de voix et de la musique ?

Ces bars-là, il en vit de loin, dans la deuxième partie de la rue Haute, du côté du Louxor, et il distinguait vaguement des couples le long des murs.

Il dormit mal, avec toujours le sentiment d'une menace qui le poursuivait jusque dans sa chambre. Au moment où il venait de retirer ses lunettes et de tourner le commutateur, un souvenir avait jailli de sa mémoire, qui n'était même pas tout à fait un souvenir personnel, car le temps avait fini par mélanger les bribes de ce qu'il avait vu et entendu avec ce qu'on lui avait raconté par la suite.

Il n'avait pas six ans quand le drame s'était produit et, depuis, il n'y avait plus eu d'événement sensationnel dans la ville jusqu'au *hold-up* de Marcel.

Comme il était né en 1916, c'était donc en 1922, et il commençait juste à aller à l'école. On devait être en novembre. La Maison Bleue existait déjà, qu'on appelait ainsi parce que la façade était peinte en bleu ciel de haut en bas.

Elle n'avait pas changé depuis. Elle se dressait, couronnée d'un toit très aigu, au coin de la rue des Prémontrés et de la place, juste à côté de la boucherie Ancel, à deux maisons de la poissonnerie où Jonas vivait alors.

L'enseigne n'avait pas changé non plus. On lisait en lettres d'un bleu plus sombre que la façade : « La Maison Bleue. » Puis, en caractères plus petits : « Vêtements pour enfants. Spécialité de layette. »

Celle qui était maintenant la veuve Lentin avait encore son mari à l'époque, un homme blond qui portait de longues moustaches et qui, tandis que sa femme tenait le commerce, travaillait irrégulièrement dehors.

Par périodes, on le voyait toute la journée assis sur une chaise devant la maison et Jonas se souvenait d'une phrase qu'il avait entendu souvent répéter :

— *Lentin a sa crise.*

Gustave Lentin avait fait la campagne du Tonkin, un mot que Jonas avait entendu pour la première fois lorsqu'on parlait de lui et qui lui paraissait terrible. Il en avait rapporté les fièvres, selon l'expression des gens du Vieux-Marché. Pendant des semaines il était un homme comme les autres, le regard toujours un peu sombre, cependant, ombrageux, et il s'embauchait dans quelque entreprise. Puis on apprenait qu'il était couché, « couvert d'une sueur glacée et tremblant de tous ses membres, les dents serrées comme celles d'un mort ».

Jonas n'avait pas inventé cette phrase-là. Il ignorait de qui il l'avait entendue, mais elle était restée gravée en lui. Le Dr Lourel, mort depuis, qui était barbu, venait le voir deux fois par jour, marchant vite, sa trousse en cuir tout usé à la main, et Jonas, du trottoir d'en face, regardait fixement les fenêtres en se demandant si Lentin était en train de mourir.

Quelques jours plus tard, on le voyait reparaître, décharné, les yeux tristes et vides, et sa femme l'aidait à venir s'asseoir sur une chaise à côté du seuil, le déplaçait, au cours de la journée, à mesure que le soleil suivait sa course.

Le magasin n'appartenait pas à Lentin, mais à ses beaux-parents, les Arnaud, qui vivaient dans la maison avec le ménage. Mme Arnaud restait dans la mémoire de Jonas comme une femme presque ronde, aux cheveux blancs tirés en arrière et si clairsemés qu'ils laissaient voir le rose du crâne.

Il ne se rappelait pas le mari.

Mais il avait vu le rassemblement, un matin, au moment où il partait pour l'école. Il y avait du vent, ce jour-là. C'était un jour de marché. Une ambulance et deux autres voitures noires stationnaient devant la Maison Bleue et la foule se bousculait tellement qu'on aurait pu croire à une émeute, n'eût été le silence oppressant qui régnait.

Bien que sa mère l'eût entraîné et lui eût affirmé par la suite qu'il n'avait rien pu voir, il était convaincu, maintenant encore, qu'il avait aperçu, sur un brancard porté par deux infirmiers en blouse blanche, un homme à la gorge tranchée. Une femme criait, dans la maison, il en était sûr, comme doivent crier les folles.

— Tu te figures que tu as vu ce que tu as entendu raconter par la suite.

C'était possible, mais il lui était difficile d'admettre que cette image-là n'avait pas surgi réellement devant ses yeux d'enfant.

Lentin, avait-on appris, souffrait de se sentir une bouche inutile dans la maison de ses beaux-parents. Plusieurs fois, il aurait laissé entendre que cela ne durerait pas, et c'est au suicide

110

qu'on avait pensé. On le surveillait. Il arrivait à sa femme de le suivre de loin dans la rue.

Cette nuit-là, il ne l'avait pas éveillée, bien qu'il fût torturé par la fièvre. Elle était descendue la première, comme d'habitude, le croyant paisible, et alors sans bruit, un rasoir à la main, il était entré dans la chambre de ses beaux-parents et les avait égorgés l'un après l'autre comme il l'avait vu faire par des soldats tonkinois et comme, là-bas, il l'avait peut-être fait lui-même.

Seule la vieille Mme Arnaud avait eu le temps de crier. Sa fille s'était précipitée dans l'escalier, mais, quand elle était arrivée devant la porte ouverte, son mari avait achevé son œuvre et, debout au milieu de la pièce, la fixant d'un « regard fou », il s'était tranché la carotide à son tour.

Mme Lentin était toute blanche, maintenant, menue, le cheveu aussi rare que sa mère, et elle continuait à vendre de la layette et des vêtements d'enfants.

Pourquoi, au moment de s'endormir, Jonas avait-il pensé à ce drame ? Parce qu'il était passé devant la Maison Bleue tout à l'heure et avait entrevu une ombre derrière le rideau ?

Cela le tracassa. Il s'efforça de penser à autre chose. Comme, après une demi-heure, il ne trouvait pas le sommeil, il se leva pour aller prendre une tablette de gardénal. En fait, il en prit deux et l'effet fut presque immédiat. Seulement, vers quatre heures, il s'éveilla dans le silence de l'aube et resta les yeux ouverts jusqu'au moment de se lever.

Il était courbaturé, inquiet. Il faillit ne pas aller chercher ses croissants à la boulangerie, car il n'avait pas faim, mais c'était une discipline qu'il s'imposait et il traversa la place déserte, aperçut Angèle qui rangeait ses paniers sur le trottoir. Le vit-elle ? Fit-elle semblant de ne pas le voir ?

— Trois ? lui demanda la boulangère, déjà habituée.

Cela l'irritait. Il avait l'impression qu'on l'épiait et surtout que les autres savaient des choses qu'il ignorait. Ancel, sans retirer la cigarette de ses lèvres, déchargeait des quartiers de bœuf qui ne le faisaient pas ployer, et pourtant il devait avoir cinq ou six ans de plus que Jonas.

Il mangea, sortit ses boîtes de livres, décida d'en finir avec le fond de grenier avant de monter faire la chambre et, à neuf heures et demie, il était encore au travail, cherchant dans une bibliographie si un Maupassant démantibulé qu'il venait de trouver dans le tas n'était pas une édition originale.

Quelqu'un entra et il ne leva pas les yeux tout de suite. Il savait, par la silhouette, que c'était un homme, et celui-ci, sans se presser, examinait les livres d'un rayon.

Quand il le regarda enfin, Jonas reconnut l'inspecteur de police Basquin, à qui il lui était arrivé assez fréquemment de vendre des livres.

— Excusez-moi, balbutia-t-il. J'étais occupé à...

— Comment allez-vous, monsieur Jonas ?

— Bien. Je vais bien.

Il aurait juré que Basquin n'était pas venu ce matin pour lui acheter un livre, encore qu'il en eût un à la main.

— Et Gina ?

Il rougit. C'était inévitable. Il rougit d'autant plus violemment qu'il s'efforçait de ne pas le faire et il sentait ses oreilles devenir brûlantes.

— Je suppose qu'elle va bien aussi.

Basquin avait trois ou quatre ans de moins que lui et était né de l'autre côté du canal, dans un groupe de cinq ou six maisons qui entouraient la briqueterie. On le voyait assez souvent au marché et, lorsqu'un vol se produisait chez un commerçant, c'était presque toujours lui qui s'en occupait.

— Elle n'est pas ici ?

Il hésita, dit d'abord non, puis, comme on se jette à l'eau, récita d'une traite :

— Elle est partie mercredi soir en m'annonçant qu'elle allait garder le bébé de Clémence, la fille d'Ancel. Depuis, elle n'est pas rentrée et je n'ai pas reçu de ses nouvelles.

Cela le soulageait de lâcher enfin la vérité, de se débarrasser une fois pour toutes de cette fable du voyage à Bourges qui le hantait. Basquin avait une tête d'honnête homme. Jonas avait entendu dire qu'il avait cinq enfants, une femme très blonde à l'air souffrant qui était en réalité plus résistante que des femmes fortes en apparence.

C'est ainsi, souvent, au Vieux-Marché, qu'on connaît l'histoire de gens qu'on n'a jamais vus, par des bribes de conversations entendues à gauche et à droite. Jonas ne connaissait pas Mme Basquin, qui habitait une petite maison neuve en bordure de la ville, mais il était possible qu'il l'eût aperçue quand elle faisait son marché, sans savoir qui elle était.

L'inspecteur n'avait pas l'air de tricher, de vouloir prendre Jonas en défaut. Il était détendu, familier, debout près du comptoir, son livre à la main, comme un client qui parle de la pluie et du beau temps.

— Elle a emporté des bagages ?

— Non. Sa valise est là-haut.

— Et ses robes, ses vêtements ?

— Elle n'avait sur elle que sa robe rouge.

— Pas de manteau ?

Ce mot-là ne prouvait-il pas que Basquin en savait plus qu'il voulait le montrer ? Pourquoi, autrement, aurait-il pensé au manteau ? Frédo y avait pensé, certes, mais seulement après avoir fouillé la chambre.

Cela indiquait-il que Frédo avait alerté la police ?

— Ses deux manteaux sont dans l'armoire aussi.

— Elle avait de l'argent sur elle ?

— Si elle en avait, ce n'était pas beaucoup.

Son cœur battait dans sa poitrine serrée et il avait du mal à parler d'une voix naturelle.

— Vous n'avez aucune idée de l'endroit où elle a pu se rendre ?

— Aucune, monsieur Basquin. A minuit et demi, mercredi, j'ai été si inquiet que je suis allé jusque chez Clémence.

— Que vous a-t-elle dit ?

— Je ne suis pas entré. Il n'y avait pas de lumière. J'ai pensé qu'ils étaient couchés et je n'ai pas voulu les déranger. J'ai espéré que Gina était revenue par un autre chemin.

— Vous n'avez rencontré personne ?

Ce fut la question qui l'effraya le plus, car il comprit que, ce qu'on lui demandait, c'était un alibi. Il chercha désespérément dans sa mémoire, avoua, découragé :

— Non. Je ne crois pas.

Un souvenir lui revint :

— J'ai entendu les voix d'un couple, dans la rue de Bourges, mais je ne les ai pas vus.

— Vous n'avez croisé aucun passant, ni à l'aller, ni au retour ?

— Je ne sais plus. Je pensais à ma femme. Je n'ai pas fait attention.

— Essayez de vous rappeler.

— J'essaie.

— Quelqu'un, à une fenêtre, a pu vous voir passer.

Il triompha.

— Une fenêtre était éclairée au coin de la rue des Prémontrés et de la rue des Deux-Ponts.

— Chez qui ?

— Je ne sais pas, mais je pourrais vous montrer la maison.

— La fenêtre était ouverte ?

— Non. Je ne crois pas. Le store était baissé. J'ai même pensé à un malade...

— Pourquoi un malade ?

— Pour aucune raison. Tout était si calme...

Basquin l'observait gravement, sans sévérité, sans antipathie. De son côté, Jonas trouvait naturel qu'il fasse son métier et il préférait que ce soit lui qu'un autre. L'inspecteur allait sûrement comprendre.

— Il est déjà arrivé que Gina... commença-t-il, honteux.

— Je sais. Mais elle n'est jamais restée absente quatre jours, n'est-ce pas ? Et il y avait toujours quelqu'un pour savoir où elle était.

Que voulait-il dire par là ? Cela signifiait-il que, quand elle faisait une fugue, Gina mettait des gens au courant, son frère, par exemple, ou une de ses amies, comme Clémence ? Basquin n'avait pas lancé cette phrase-là en l'air. Il savait ce qu'il disait, paraissait même en savoir plus que Jonas.

— Vous vous êtes disputés, mercredi ?

— Nous ne nous sommes jamais disputés, je le jure.

Mme Lallemand, la mère de la jeune infirme, entra pour échanger ses deux livres et la conversation resta en suspens. Avait-elle entendu des rumeurs ? Elle avait l'air de connaître l'inspecteur, en tout cas de savoir qui il était, car elle parut gênée et dit :

— Donnez-moi n'importe quoi dans le même genre.

Avait-elle compris que c'était un véritable interrogatoire que le bouquiniste était en train de subir ? Elle s'en alla précipitamment comme quelqu'un qui se sent de trop et, pendant ce temps, Basquin, après avoir replacé son livre dans le rayon, avait allumé une cigarette.

— Même pas, enchaîna-t-il, quand elle avait passé la nuit dehors ?

Jonas dit avec force :

— Même pas. Je ne lui adressais pas un seul reproche.

Il voyait le policier froncer les sourcils et comprenait que c'était difficile à croire. Pourtant, il disait la vérité.

— Vous voulez me faire croire que cela vous était indifférent ?

— J'en avais du chagrin.

— Et vous évitiez de le lui montrer ?

C'était une réelle curiosité, qui n'avait peut-être rien de professionnel, qu'il lisait dans les yeux de Basquin, et il aurait voulu lui faire saisir le fond de sa pensée. Son visage s'était couvert de sueur et ses verres commençaient à s'embuer.

— Je n'avais pas besoin de le lui montrer. Elle le savait. En réalité, elle avait honte, mais elle ne l'aurait laissé voir pour rien au monde.

— Gina avait honte ?

Redressant la tête, il cria presque, tant il était sûr de tenir la vérité :

— Oui ! Et il aurait été cruel d'accroître cette honte. Cela n'aurait servi à rien. Comprenez-vous ? Elle ne pouvait pas faire autrement. C'était dans sa nature...

Stupéfait, l'inspecteur le regardait parler, et un instant Jonas eut l'espoir de l'avoir convaincu.

— Je n'avais aucun droit de lui adresser des reproches.

— Vous êtes son mari.

Il soupira avec lassitude :

— Evidemment...

Il se rendait compte qu'il avait espéré trop tôt.

— Combien de fois cela s'est-il produit en deux ans ? Car il y a deux ans que vous êtes mariés, n'est-ce pas ?

— Il y a eu deux ans le mois dernier. Je n'ai pas compté les fois.

Ce n'était pas tout à fait vrai. Il aurait pu se souvenir en quelques instants, mais cela n'avait pas d'importance et cette question-là lui rappelait celles que le prêtre pose au confessionnal.

— La dernière ?

— Il y a six mois.

— Vous avez su avec qui ?

Il éleva la voix à nouveau.

— Non ! Non ! Pourquoi aurais-je cherché à savoir ?

A quoi cela l'aurait-il avancé de connaître l'homme avec qui Gina avait couché ? A avoir des images encore plus précises dans la tête et à souffrir davantage ?

— Vous l'aimez ?

Il répondit à voix presque basse :

— Oui.

Cela lui répugnait d'en parler, parce que cela ne regardait que lui.

— En somme, vous l'aimez, mais vous n'êtes pas jaloux.

Ce n'était pas une question. C'était une conclusion, et il ne la releva pas. Il était découragé. Ce n'était plus à la froideur plus ou moins marquée des gens du marché qu'il se heurtait, mais au raisonnement d'un homme qui, de par sa profession, aurait dû être à même de comprendre.

— Vous êtes sûr que Gina a quitté la maison mercredi soir ?

— Oui.

— A quelle heure ?

— Tout de suite après le dîner. Elle a fait la vaisselle, a même oublié de laver la poêle et m'a annoncé qu'elle allait chez les Reverdi.

— Elle est montée dans sa chambre ?

— Je crois. Oui.

— Vous n'en êtes pas sûr ?

— Si. Maintenant, je m'en souviens.

— Elle y est restée longtemps ?

— Pas très longtemps.

— Vous l'avez accompagnée jusqu'à la porte ?

— Oui.

— Vous avez vu dans quelle direction elle allait ?

— Vers la rue des Prémontrés.

Il revoyait encore la tache rouge de la robe dans le gris de la rue.

— Vous êtes sûr que votre femme n'a pas passé ici la nuit de mercredi à jeudi ?

Il rougit encore en disant :

— Certain.

Et il allait ouvrir la bouche pour s'expliquer, car il était assez intelligent pour prévoir ce qui allait suivre. Basquin fut plus prompt que lui.

— Vous avez pourtant déclaré à son père qu'elle avait pris le car de Bourges, le jeudi à sept heures dix du matin.

— Je sais. J'ai eu tort.

— Vous avez menti ?

— Ce n'était pas exactement un mensonge.

— Vous l'avez répété à différentes personnes et vous avez fourni des détails.

— Je vais vous expliquer...

— Répondez d'abord à ma question. Aviez-vous une raison pour cacher à Palestri que sa fille était partie le mercredi soir ?

— Non.

Il n'avait pas de raison particulière pour le cacher à Louis, et, d'ailleurs, ce n'était pas ainsi que cela avait commencé. Si seulement on lui donnait le temps de raconter l'histoire comme elle s'était passée, il y aurait des chances de s'entendre.

— Vous admettez que Palestri était au courant de la conduite de sa fille ?

— Je crois... Oui...

— Angèle aussi... Elle n'en faisait d'ailleurs pas mystère...

C'était à pleurer d'impuissance.

— Vous avez beau prétendre que Gina avait honte, elle n'a jamais cherché à se cacher, tout au contraire.

— Ce n'est pas la même chose. Il ne s'agit pas de cette honte-là.

— De quelle honte ?

Il était tenté de renoncer, par lassitude. Ils étaient deux hommes intelligents face à face, mais ils ne parlaient pas le même langage et ils se tenaient sur des plans différents.

— Ce qu'on disait d'elle lui était égal. C'était...

Il voulait expliquer que c'était vis-à-vis d'elle-même qu'elle avait honte, mais on ne lui en laissait pas la possibilité.

— Et à vous, cela était égal aussi ?

— Mais oui !

Les mots avaient été plus vite que sa pensée. C'était vrai et c'était faux. Il se rendait surtout compte que cela allait contredire ce qui lui restait à expliquer.

— Donc, vous n'aviez aucune raison de cacher qu'elle était partie ?

— Je ne l'ai pas caché.

Sa gorge devenait sèche, ses yeux picotaient.

— Quelle différence, poursuivait Basquin sans lui laisser le temps de se reprendre, cela faisait-il qu'elle soit partie le mercredi soir ou le jeudi matin ?

— Justement.

— Justement quoi ?

— Cela ne fait pas de différence. C'est la preuve que je n'ai pas réellement menti.

— En affirmant que votre femme avait pris le car de sept heures dix pour aller voir la Loute à Bourges ? Et en le répétant à six personnes pour le moins, y compris à votre belle-mère ?

— Ecoutez, monsieur Basquin...

— Je ne demande qu'à écouter.

C'était vrai. Il essayait de comprendre, mais il n'y en avait pas moins, dans l'attitude de Jonas, quelque chose qui commençait à l'irriter. Celui-ci s'en apercevait et cela lui faisait perdre encore de ses moyens. Comme chez Le Bouc, les derniers jours, il y avait un mur entre son interlocuteur et lui et il en arrivait à se demander s'il était un homme comme les autres.

— J'espérais que Gina rentrerait le jeudi dans la matinée.

— Pourquoi ?

— Parce que, la plupart du temps, elle ne s'absentait que pour la nuit.

Cela lui faisait du mal à dire, mais il était prêt à souffrir plus que ça pour qu'on le laisse en paix.

— Quand j'ai vu qu'elle ne venait pas, je me suis dit qu'elle reviendrait pendant la journée et j'ai fait comme si de rien n'était.

— Pourquoi ?

— Parce que ce n'était pas la peine de...

Quelqu'un d'autre aurait-il agi autrement ? Il fallait qu'il profitât de ce qu'on lui laissait la parole.

— Je suis allé chez Le Bouc, vers dix heures, comme je le fais tous les jours.

— Et vous avez annoncé que votre femme était partie pour Bourges par le car du matin pour aller voir son amie.

Jonas se fâcha, lança violemment :

— Non !

— Vous ne l'avez pas dit en présence de cinq ou six témoins ?

— Pas comme cela. Ce n'est pas la même chose. Le Bouc m'a demandé comment allait Gina et je lui ai répondu qu'elle allait bien. Ancel, qui était près de moi, pourra vous le confirmer. Je crois que c'est Fernand qui a remarqué qu'on ne l'avait pas vue le matin au marché.

— Quelle différence cela fait-il ?

— Attendez ! supplia-t-il. C'est alors que j'ai dit qu'elle était allée à Bourges.

— Pourquoi ?

— Pour expliquer son absence et lui donner le temps de rentrer sans que cela fasse des histoires.

— Vous avez dit tout à l'heure que cela lui était égal.

Il haussa les épaules. Il l'avait dit, bien sûr.

— Et que cela vous était égal aussi...

— Mettons que j'aie été pris de court. Je me trouvais dans un bar, avec des personnes de connaissance autour de moi, et on me demandait où était ma femme.

— On vous a demandé *où* elle était ?

— On a remarqué qu'on ne l'avait pas vue. J'ai répondu qu'elle était à Bourges.

— Pourquoi Bourges ?

— Parce qu'elle y allait de temps en temps.

— Et pourquoi avoir parlé du car de sept heures dix ?

— Parce que je me suis souvenu qu'il n'y a pas de car pour Bourges le soir.

— Vous pensiez à tout.

— J'ai pensé à cela par hasard.

— Et à la Loute ?

— Je ne crois même pas que ce soit moi qui en aie parlé le premier. Si mes souvenirs sont exacts, Le Bouc a dit :

» — Elle est allée voir la Loute ?

» Parce que tout le monde sait que la Loute est à Bourges et que Gina et elle sont des amies.

— Curieux ! murmura Basquin en le regardant avec plus d'attention que jamais.

— C'est tout simple, répondit Jonas en s'efforçant de sourire.

— Ce n'est peut-être pas si simple que ça !

Et, ces mots-là, l'inspecteur les prononça d'un ton grave, l'air contrarié.

6

L'agent cycliste

Basquin espérait-il que Jonas, se ravisant, allait lui faire des aveux ? Ou bien voulait-il souligner à nouveau le caractère non officiel de sa visite ? Toujours est-il qu'avant de partir il se comporta comme il l'avait fait en entrant, à la façon d'un client qui passe, feuilletant quelques livres, le dos tourné au bouquiniste.

Enfin il regarda sa montre, soupira, prit son chapeau sur la chaise.

— Il est temps que je m'en aille. Nous aurons sans doute l'occasion de reparler de tout cela.

Il ne le disait pas comme une menace, mais comme s'ils avaient tous les deux un problème à résoudre.

Jonas le suivit jusqu'à la porte, qui était restée tout le temps ouverte, et, par un réflexe instinctif à tous les commerçants, jeta un coup d'œil des deux côtés de la rue. Il était encore troublé. Le soleil le frappait en plein quand il se tourna vers la droite et il ne distingua pas les visages autour d'Angèle. Ce dont il fut certain, c'est qu'il y avait un groupe, sur le trottoir, autour de la marchande de légumes, surtout des femmes, et que tout le monde regardait dans sa direction.

Se tournant vers la gauche, il aperçut un autre groupe, sur le seuil de Le Bouc, avec, pour centre, le costume de travail à fines lignes bleues et blanches et le tablier taché de sang d'Ancel.

Ils avaient donc été au courant avant lui et avaient guetté la visite de l'inspecteur. Par la porte de la boutique grande ouverte il avait dû leur arriver, quand Jonas avait élevé la voix, de saisir des bribes de phrases. Peut-être certains s'étaient-ils approchés sans bruit et sans se montrer ?

Il en fut choqué plus encore qu'effrayé. On ne se conduisait pas bien à son égard et il ne le méritait pas. Il avait honte d'avoir l'air de fuir en rentrant vivement dans sa boutique, mais il n'était pas capable, tout de suite, sans préparation, d'affronter leur curiosité hostile.

Car leur silence était hostile, cela ne faisait aucun doute. Il aurait préféré des injures et des coups de sifflet.

Or, c'est ce silence-là qu'il allait avoir à supporter plusieurs jours, pendant lesquels il vécut comme dans un univers détaché du reste du monde.

Il s'efforça de continuer son travail, sans savoir au juste ce qu'il faisait, et, quelques minutes avant quatre heures, son instinct lui fit regarder sa montre. C'était l'heure de la tasse de café chez Le Bouc. Allait-il changer ses habitudes ? Il en était tenté. C'était la solution la plus facile. Mais, malgré tout ce que Basquin pouvait penser, c'était par fidélité à l'égard de Gina, c'était pour Gina qu'il tenait tant à ce que la vie continue comme par le passé.

Quand il franchit la porte, il n'y avait plus personne pour l'épier et le chien roux des

Chaigne, qui dormait au soleil, se leva paresseusement pour venir lui renifler les talons et tendre la tête à sa caresse.

Dans le bar de Le Bouc, il ne trouva qu'un étranger, ainsi que la vieille clocharde qui mangeait un quignon de pain et un morceau de saucisson dans un coin.

— Salut, Fernand. Donnez-moi une tasse de café-expresso, prononça-t-il, attentif aux inflexions de sa propre voix.

Il tenait à rester naturel. Fernand, sans un mot, posa une tasse sous le robinet chromé et fit gicler de la vapeur, évitant son regard, mal à l'aise, comme s'il n'était pas convaincu qu'ils n'étaient pas tous en train de se montrer cruels.

Il ne pouvait pas faire autrement que les autres, Jonas le comprenait. Tout le Vieux-Marché, à présent, faisait bloc contre lui, y compris, probablement, ceux qui ne savaient rien de l'affaire.

Il ne le méritait pas, non seulement parce qu'il était innocent de tout ce dont on pouvait l'accuser, mais parce qu'il s'était toujours efforcé, discrètement, sans bruit, de vivre comme eux, avec eux, et de leur ressembler.

Il croyait, quelques jours plus tôt encore, qu'il y était parvenu, à force de patience et d'humilité. Car il s'était montré humble aussi. Il ne perdait pas de vue qu'il était un étranger, un enfant d'une autre race, né dans le lointain Arkhangelsk, que le hasard des guerres et des révolutions avait transplanté dans une petite ville du Berry.

Chepilov, par exemple, ne possédait pas cette humilité-là. Réfugié en France, il ne se faisait pas faute de critiquer le pays et ses mœurs, voire sa politique, et Constantin Milk lui-même, quand il tenait la poissonnerie, n'hésitait pas à s'entretenir en russe avec Nathalie devant les clients.

Personne ne lui en avait voulu, à lui. Est-ce parce qu'il n'avait rien demandé et qu'il ne se préoccupait pas de l'opinion de ses voisins ? Ceux qui l'avaient connu parlaient encore de lui avec sympathie, comme d'un personnage puissant et pittoresque.

Jonas, peut-être parce que ses premières images conscientes étaient celles du Vieux-Marché, s'était toujours efforcé de s'intégrer. Il n'exigeait pas des gens qu'ils le reconnaissent comme un des leurs. Il sentait que c'était impossible. Il se comportait avec la discrétion d'un invité et c'est comme un invité qu'il se considérait.

On l'avait laissé vivre, ouvrir sa boutique. On lui lançait le matin le rituel :

— Salut, monsieur Jonas !

Ils avaient été une trentaine à assister à son repas de noces et, à la sortie de l'église, tout le marché était massé en deux haies sur le péristyle.

Pourquoi, soudain, changeaient-ils d'attitude ?

Il aurait juré que les choses ne se seraient pas passées de la même façon si ce qui lui arrivait était arrivé à un des leurs. Du jour au lendemain, il était redevenu un étranger, un homme d'un autre clan, d'un autre monde, venu manger leur pain et prendre une de leurs filles.

Cela ne le fâchait pas, ne l'aigrissait pas, mais il en avait de la peine, et lui aussi, comme Basquin l'avait fait avec insistance, répétait :

— Pourquoi ?

C'était dur d'être là, au bar de Fernand, qui

126

était comme son second foyer, et de voir celui-ci silencieux, absent, d'être obligé de se taire.

Il ne demanda pas combien il devait, comme la dernière fois, posa la monnaie sur le linoléum du comptoir.

— Bonsoir, Fernand.

— Bonsoir.

Pas comme d'habitude :

— *Bonsoir, monsieur Jonas.*

Seulement un vague et froid :

— *Bonsoir.*

On était lundi et cela allait durer quatre jours, jusqu'au vendredi. Gina ne donna pas de ses nouvelles. Il n'y eut rien à son sujet dans les journaux. Un moment, il pensa que Marcel s'était peut-être évadé et qu'elle l'avait rejoint, mais une évasion aurait vraisemblablement suscité une certaine publicité.

Pendant ces quatre jours-là, il parvint, à force de volonté, à rester le même, se leva chaque matin à l'heure habituelle, alla chercher ses trois croissants de l'autre côté de la place, prépara son café puis, un peu plus tard dans la matinée, monta faire sa chambre.

A dix heures, il entrait chez Le Bouc et, une fois que Louis s'y trouvait, le mercredi, il eut la force de caractère de ne pas reculer. Il s'attendait à être apostrophé par Palestri, qui avait déjà bu quelques verres. Au contraire, il fut accueilli par un silence total, tout le monde se tut à sa vue, sauf un étranger qui parlait à Le Bouc et qui prononça encore une phrase ou deux, regardant, surpris, autour de lui, pour se taire enfin avec embarras.

Chaque midi, il se rendait chez Pépito, et ni celui-ci ni sa nièce n'engagèrent une seule fois la conversation avec lui. Le Veuf continuait à

battre des paupières, mais n'y avait-il pas longtemps qu'il vivait, lui aussi, dans un autre
monde ?

Il venait encore des clients au magasin, moins
que d'habitude, et il ne vit pas Mme Lallemand
dont la fille avait dû terminer ses deux derniers
livres.

Souvent deux heures s'écoulaient sans que
personne franchît le seuil et il entreprit, pour
s'occuper, de nettoyer les rayons un à un,
d'épousseter livre après livre, ce qui lui fit
retrouver des ouvrages qui étaient là depuis des
années et qu'il avait oubliés.

Il passait ainsi des heures sur son échelle en
bambou, voyant, dehors, tantôt la place déserte,
tantôt le grouillement coloré du marché.

Il n'avait pas parlé à Basquin des timbres
disparus. Cela allait-il aussi se retourner contre
lui ? L'inspecteur lui avait seulement demandé
si Gina avait de l'argent et il avait répondu
qu'elle ne devait pas en avoir beaucoup, ce qui
était vrai.

Il commençait à craindre, lui aussi, qu'il soit
arrivé malheur à Gina. Une fois au moins, il en
était sûr, elle avait passé la nuit, dans un meublé
minable de la rue Haute, avec un Nord-Africain.
Ne pouvait-elle pas être tombée, cette fois-ci,
sur un sadique ou sur un fou, ou sur un de ces
désespérés qui tuent pour quelques centaines
de francs ?

Cela le soulageait qu'elle eût emporté les timbres, car cela lui permettait presque à coup sûr
d'écarter cette hypothèse.

Il se trouvait si seul, si désemparé, qu'il
fut tenté d'aller demander conseil à l'abbé
Grimault, dans son parloir si calme, dont
la pénombre et l'odeur étaient apaisantes.

Qu'est-ce que le curé aurait pu lui dire ? Pourquoi l'aurait-il compris mieux que Basquin qui, lui, au moins, avait une femme aussi ?

Chaque soir, il préparait son repas, faisait la vaisselle. Il ne toucha plus à l'album de timbres russes qui lui rappelait qu'il était d'une autre race. Il se sentait presque coupable, à présent, d'avoir réuni cette collection, comme si c'était une trahison à l'égard de ceux parmi lesquels il vivait.

Or, ce n'était pas par patriotisme, ni par nostalgie d'une contrée qu'il ne connaissait pas, qu'il avait rassemblé ces timbres-là. Il n'aurait pas pu dire au juste à quel mobile il avait obéi. Peut-être était-ce à cause de Doucia ? Il avait parlé d'elle à Gina, un dimanche après-midi, dans la cour, et Gina avait demandé :

— Elle est plus âgée que moi ?

— Elle avait deux ans quand je suis né. Elle aurait maintenant quarante-deux ans.

— Pourquoi dis-tu *aurait* ?

— Parce qu'elle est peut-être morte.

— Ils tuaient les enfants si jeunes ?

— Je ne sais pas. Il est possible qu'elle vive encore.

Elle l'avait regardé rêveusement.

— C'est drôle ! avait-elle fini par murmurer.

— Quoi ?

— Tout. Toi. Ta famille. Tes sœurs. Ces gens qui vivent peut-être tranquillement là-bas sans que tu le saches et qui se demandent sans doute ce que tu es devenu. Tu n'as jamais eu l'envie d'aller les voir ?

— Non.

— Pourquoi ?

— Je ne sais pas.

Elle n'avait pas compris et elle avait dû s'imaginer qu'il reniait sa famille. Ce n'était pas vrai.

— Tu crois qu'ils ont fusillé ton père ?

— Ils l'ont peut-être envoyé en Sibérie. Peut-être aussi l'ont-ils laissé retourner à Arkhangelsk.

N'aurait-ce pas été ironique que toute la famille fût à nouveau réunie là-bas, dans leur ville, qui sait, dans leur maison, sauf lui ?

Une fois, il se trouva à côté de l'agent Benaiche chez Le Bouc et Benaiche fit semblant de ne pas le voir. Or, s'il était trois fois par semaine en faction au marché, il ne faisait pas partie du marché et il devait savoir ce qu'on pensait de Jonas à la police.

Basquin avait laissé entendre qu'ils se retrouveraient et Jonas s'attendait à chaque instant à sa venue. Il s'était efforcé de préparer des réponses aux questions qu'il prévoyait. Il avait même, sur un bout de papier, résumé son emploi du temps du jeudi, le jour où il avait tant parlé du voyage à Bourges, avec la liste des personnes à qui il avait adressé la parole.

Quatre jours à vivre comme sous une cloche, à la façon de certains animaux sur lesquels, dans les laboratoires, on fait des expériences et qu'on vient observer d'heure en heure. Il y eut un violent orage, le jeudi matin, au plus fort du marché, qui provoqua la débandade, car il tombait des gouttes énormes mêlées de grêlons et deux femmes qu'il ne connaissait pas se réfugièrent dans sa boutique. L'averse dura près d'une heure et la circulation se trouva presque interrompue, lui-même ne put se rendre chez Le Bouc à dix heures et ce ne fut que vers onze heures et demie qu'il alla boire son café dans le bar qui sentait la laine mouillée.

Il se contraignit à lancer toujours, comme si de rien n'était :

— Salut, Fernand.

Et il commandait son café tout en déballant ses deux morceaux de sucre.

L'après-midi du même jour, vers cinq heures, un agent cycliste s'arrêta devant le magasin et entra, laissant son vélo au bord du trottoir.

— Vous êtes bien Jonas Milk ?

Il dit oui et on lui tendit une enveloppe jaunâtre, puis un carnet comme celui des facteurs qui apportent les recommandés.

— Signez ici.

Il signa, attendit d'être seul pour ouvrir l'enveloppe, qui contenait une formule administrative, imprimée sur du papier rêche, le convoquant au commissariat de police pour le lendemain vendredi à dix heures du matin.

On ne venait plus le questionner avec l'air d'entrer en passant. On le convoquait. Sur la ligne pointillée qui suivait le mot : « Motif », on avait écrit au crayon à l'aniline :

« *Affaire vous concernant.* »

Il eut envie, ce soir-là, de mettre par écrit tout ce qui s'était passé depuis le mercredi soir et, en particulier, dans la journée du jeudi, avec l'explication sincère de chacun de ses actes, de chacune de ses paroles, mais c'est en vain qu'il s'assit devant son bureau et chercha par où commencer.

On ne l'avait encore accusé de rien. On ne lui avait pas dit qu'on le soupçonnait de quoi que ce fût. On s'était contenté de lui poser des questions insidieuses et de faire le vide autour de lui.

Peut-être valait-il mieux, après tout, qu'il ait enfin une occasion de s'expliquer à fond. Il ignorait qui, là-bas, le recevrait. La convocation était signée par le commissaire, qu'il connaissait de vue. Il s'appelait Devaux et ressemblait, les poils du nez et des oreilles en moins, à M. Métras. Il était veuf aussi et vivait avec sa fille qui avait épousé un jeune médecin de Saint-Amand installé rue Gambetta.

Il dormit mal, s'éveilla presque toutes les heures, eut des cauchemars confus et rêva, entre autres choses, du canal et du pont-levis qu'on avait levé pour laisser passer une péniche et qu'on ne parvenait pas à rabattre. Pourquoi était-ce sa faute ? C'était un mystère, mais tout le monde l'accusait et on lui avait assigné un temps ridiculement court pour faire fonctionner le pont ; il était en nage, les mains crispées à la manivelle, cependant qu'Ancel, qui portait un quartier de bœuf sur l'épaule, le regardait en ricanant.

On le traitait comme un forçat. C'est ce qui ressortait du rêve. Il y était question aussi de Sibérie.

— Vous qui venez de Sibérie...

Il s'efforçait d'expliquer qu'Arkhangelsk n'est pas en Sibérie, mais ils savaient mieux que lui. La Sibérie, Dieu sait pourquoi, avait quelque chose à voir avec le fait que c'était lui qui devait tourner la manivelle et Mme Lentin jouait un rôle aussi, il ne se souvenait plus duquel, peut-être parce qu'il gardait le souvenir de son visage pâle derrière les brise-bise de sa fenêtre.

Il avait presque peur de se rendormir, tant ces cauchemars l'épuisaient, et, à cinq heures du matin, il préféra se lever et aller prendre l'air dans les rues.

Il atteignit ainsi la place de la Gare où un bar était ouvert, et il y but un café en mangeant des croissants qui venaient d'arriver et qui étaient encore chauds. La boulangère allait-elle s'étonner qu'il ne vienne pas acheter ses trois croissants comme les autres jours ? Il passa aussi devant le dépôt des autobus où deux gros cars verts, dont celui de Bourges, attendaient l'heure du départ, sans personne dedans.

A huit heures, il ouvrit sa boutique, sortit les deux boîtes qu'il rentra à neuf heures et demie et alors, le chapeau sur la tête, sa convocation dans la poche, il sortit et ferma sa porte à clef.

Ce n'était pas tout à fait l'heure d'aller chez Le Bouc, mais, comme, à dix heures, il serait au commissariat, il entra et but son café.

On dut remarquer son chapeau. On avait dû voir aussi qu'il donnait un tour de clef à sa porte. Cependant, on ne lui posa pas de question, on l'ignora comme on l'ignorait depuis quatre jours. Il n'en prononça pas moins :

— A tout à l'heure.

Il prit la rue Haute. A cinq cents mètres environ, il y avait une place, sur la gauche, au milieu de laquelle se dressait le bâtiment gris de l'Hôtel de Ville.

Ici aussi se tenait un marché, beaucoup moins important qu'en face de chez lui, des charrettes de légumes et de fruits, deux ou trois étals, une marchande de paniers et de lacets.

Pour se rendre au commissariat, on ne passait pas par l'entrée principale mais par une petite porte dans la rue adjacente et il entra dans la première pièce qui sentait la caserne et était coupée en deux par une sorte de comptoir en bois noir.

Cinq ou six personnes attendaient sur un banc et il allait, par humilité ou par timidité, s'asseoir à la file, quand un brigadier lui lança :

— Qu'est-ce que vous voulez ?

Il balbutia :

— J'ai reçu une convocation.

— Donnez.

Il y jeta un coup d'œil, disparut derrière une porte, dit en revenant un peu plus tard :

— Attendez un moment.

Jonas resta d'abord debout, et les aiguilles de l'horloge, sur le mur d'un blanc cru, marquèrent dix heures dix, dix heures et quart, dix heures vingt. Il s'assit alors, triturant son chapeau, se demandant si, comme chez le médecin, tous ceux qui le précédaient devraient passer avant lui.

Ce n'était pas le cas, car on appela un nom, une femme se leva et on la conduisit du côté contraire à celui vers lequel le brigadier s'était dirigé tout à l'heure. Puis on prononça un autre nom et, à l'homme d'un certain âge qui s'avançait vers le comptoir, on dit :

— Signez ici... Puis ici... Vous avez quatre cent vingt-deux francs ?

L'homme tenait l'argent dans sa main et, en échange, on lui remit un papier rose qu'il plia avec soin et glissa dans son portefeuille avant de sortir.

— Au suivant !

C'était une vieille femme, qui se pencha sur le brigadier pour lui parler à voix basse, et Jonas tendait inconsciemment l'oreille quand une sonnerie retentit.

— Un instant ! interrompit l'homme en uniforme. Monsieur Milk ! Par ici, s'il vous plaît.

Il suivit un couloir sur lequel donnaient des bureaux avant d'atteindre celui du commissaire, qui, assis devant un meuble en acajou, tournait le dos à la fenêtre.

— Asseyez-vous, dit-il sans lever les yeux.

Il portait des lunettes pour lire et écrire, ce que Jonas ignorait, ne l'ayant vu que dans la rue, et il allait les retirer chaque fois qu'il le regardait.

— Vous vous appelez bien Jonas Milk, né à Arkhangelsk le 21 septembre 1916, naturalisé français le 17 mai 1938 ?

— Oui, monsieur le commissaire.

Celui-ci avait devant lui des feuilles couvertes d'une écriture serrée qu'il eut l'air de parcourir pour se rafraîchir la mémoire.

— Vous avez épousé, il y a deux ans, Eugénie Louise Joséphine Palestri.

Il fit oui de la tête et le commissaire se renversa dans son fauteuil, joua un instant avec ses lunettes avant de questionner :

— Où est votre femme, monsieur Milk ?

Rien que de s'entendre appeler par ce nom, duquel il s'était déshabitué, le dérouta.

— Je ne sais pas, monsieur le commissaire.

— Je vois ici — et il tapotait les papiers devant lui avec ses lunettes dont il avait replié les branches d'écaille — que vous avez fourni au moins deux versions différentes de son départ.

— Je vais vous expliquer.

— Un instant. D'une part, à plusieurs de vos voisins, vous avez déclaré spontanément et devant témoins, le jeudi matin, ensuite le jeudi après-midi et le vendredi, que votre femme avait quitté la ville le jeudi par le car de sept heures dix.

— C'est exact.

— Elle est partie par le car ?

— Non. C'est exact que je l'ai dit.

Cela recommençait. Les grandes feuilles de format administratif contenaient le rapport de l'inspecteur Basquin qui avait dû, dans son bureau, reconstituer leur conversation de mémoire.

— Par contre, lorsque vous avez été questionné ensuite par un de mes collaborateurs, vous avez situé le départ de votre femme au mercredi soir.

Comme il ouvrait la bouche, un coup sec des lunettes sur le dossier l'arrêta.

— Un instant, monsieur Milk. Je tiens à vous déclarer avant tout que nous avons été saisis d'une plainte en disparition.

Etait-ce Louis qui était venu la déposer ? Ou Angèle ? Ou Frédo ? Il n'osait pas le demander, bien qu'il brûlât de le savoir.

— Ces affaires-là sont toujours délicates, surtout quand il s'agit d'une femme et, à plus forte raison, d'une femme mariée. Je vous ai convoqué pour vous poser un certain nombre de questions et je serai obligé d'entrer dans des détails assez intimes. Il est entendu que je ne vous accuse pas et que vous avez le droit de ne pas répondre.

— Je ne demande qu'à...

— Laissez-moi parler, je vous en prie. Je résume d'abord la situation aussi brièvement que possible.

Il mit ses lunettes, chercha un autre papier sur lequel il paraissait avoir jeté quelques notes.

— Vous avez quarante ans et votre femme, plus connue sous le prénom de Gina, en a vingt-quatre. Si je comprends bien, elle ne passait pas pour un modèle de vertu avant de vous rencontrer et, en tant que voisin, vous étiez au courant de sa conduite. Est-ce exact ?

— C'est exact.

La vie, décrite ainsi, en quelques formules administratives, ne devenait-elle pas odieuse ?

— Vous l'avez néanmoins épousée, en toute connaissance, de cause, et, pour vous marier à l'église, condition sans laquelle les Palestri n'auraient pas donné leur consentement, vous vous êtes converti au catholicisme et avez reçu le baptême.

Ce fut un choc, car cela révélait qu'une enquête approfondie avait été menée à son sujet pendant les journées vides qu'il venait de passer. Etait-on allé questionner l'abbé Grimault, d'autres encore, dont les noms allaient peut-être défiler ?

— Je voudrais en passant, monsieur Milk, vous poser une question qui n'a rien à voir avec l'affaire. Vous êtes israélite, n'est-ce pas ?

Il répondit, comme si, pour la première fois, il en avait honte :

— Oui.

— Vous vous trouviez ici pendant l'occupation ?

— Oui.

— Vous vous souvenez donc qu'à certain moment les autorités allemandes ont obligé vos coreligionnaires à porter une étoile jaune sur leurs habits ?

— Oui.

— Comment se fait-il que vous n'ayez jamais porté cette étoile et que, cependant, on ne vous ait pas inquiété ?

Pour rester calme, il dut s'enfoncer les ongles dans la paume des mains. Que pouvait-il répondre ? Devait-il renier les siens ? Il ne s'était jamais senti juif. Jamais il ne s'était cru différent des gens qui l'entouraient au Vieux-Marché et ceux-ci, à cause de ses cheveux blonds et de ses yeux bleus, n'avaient pas pensé qu'il était d'une autre race.

Ce n'était pas pour les tromper qu'il n'avait pas porté l'étoile jaune, au risque d'être envoyé dans un camp de concentration ou d'être condamné à mort. Il avait pris le risque naturellement, parce qu'il voulait rester comme les autres.

Le commissaire, qui ne le connaissait pas, n'avait pas trouvé seul cette histoire. Ce n'était pas Basquin non plus qui, à cette époque-là, était prisonnier en Allemagne.

Cela venait de quelqu'un d'autre, de quelqu'un du Marché, d'un de ceux qui le saluaient cordialement chaque jour.

— Votre femme savait que vous êtes juif ?

— Je ne lui en ai pas parlé.

— Pensez-vous que cela aurait changé sa décision ?

— Je ne crois pas.

En disant cela, il pensait amèrement à l'Arabe avec qui elle avait passé la nuit.

— Et ses parents ?

— Je ne me suis pas posé la question.

— Passons. Vous parlez l'allemand ?

— Non.

— Le russe, bien entendu ?

— Je l'ai parlé jadis avec mes parents, mais je l'ai oublié et je pourrais à peine le comprendre.

Qu'est-ce que cela avait à voir avec la disparition de Gina ? Allait-il enfin découvrir ce qu'ils avaient contre lui ?

— Votre père est venu en France, comme émigré, lors de la révolution ?

— Il était prisonnier en Allemagne et, quand l'armistice a été signé, en 1918...

— Nous appellerons ça un émigré, puisque à ce moment-là il n'est pas retourné en Russie. Je

138

suppose qu'il faisait partie d'un groupement de Russes blancs ?

Il croyait se souvenir qu'au début Chepilov l'avait inscrit d'office dans une association politique, mais Milk n'en avait jamais été un membre actif et s'était consacré tout entier à son commerce de poisson.

Sans attendre la réponse, le commissaire Devaux poursuivait :

— Pourtant, en 1930, il n'a pas hésité à rentrer dans son pays. Pourquoi ?

— Pour savoir ce qu'étaient devenues mes cinq sœurs.

— Vous avez reçu de ses nouvelles ?

— Jamais.

— Ni par lettre, ni verbalement, par des amis ?

— D'aucune manière.

— Comment se fait-il, dans ce cas, que votre mère soit partie à son tour ?

— Parce qu'elle ne pouvait pas vivre sans son mari.

— Vous n'avez jamais fait de politique ?

— Jamais.

— Vous n'êtes inscrit à aucun groupement, à aucun parti ?

— Non.

Devaux remit ses lunettes pour consulter à nouveau ses notes. Il paraissait déçu. On aurait dit que ce n'était qu'à contrecœur qu'il posait certaines questions.

— Vous entretenez, monsieur Milk, une importante correspondance avec l'étranger.

Avait-on donc interrogé le facteur aussi ? Qui encore ?

— Je suis philatéliste.

— Cela vous oblige à une correspondance aussi importante ?

— Etant donné ma façon de travailler, oui.

Il avait envie d'expliquer le mécanisme de ses opérations, la recherche, parmi le tout-venant qu'il recevait des quatre coins du monde, de timbres présentant une caractéristique qui avait échappé à ses confrères.

— Passons ! répéta le commissaire qui semblait avoir hâte d'en finir.

Il ajouta néanmoins :

— Quelles sont vos relations avec vos voisins ?

— Bonnes. Très bonnes. Je veux dire jusqu'à ces derniers jours.

— Que s'est-il passé ces derniers jours ?

— Ils m'évitent.

— Vous avez reçu, je crois, la visite de votre beau-frère, Alfred Palestri, dit Frédo.

— Oui.

— Que pensez-vous de lui ?

Il se tut.

— Vous êtes en mauvais termes ?

— Je crois qu'il ne m'aime pas.

— Pour quelle raison ?

— Peut-être cela ne lui a-t-il pas plu que j'épouse sa sœur.

— Et votre beau-père ?

— Je ne sais pas.

Après un coup d'œil à ses notes, le commissaire reprit :

— Il semblerait que tous les deux aient été opposés à votre mariage. Gina, à cette époque-là, était à votre service, si je ne me trompe.

— Elle travaillait chez moi comme femme de ménage.

— Elle couchait dans la maison ?

— Non.

— Vous avez eu des relations intimes avec elle ?

— Pas avant que nous soyons mariés.

— L'idée ne vous était jamais venue, auparavant, de fonder un foyer ?

— Non.

C'était vrai. Il n'y avait pas pensé.

— Je vais encore, pour ma gouverne, vous poser une question indiscrète et il vous est loisible de ne pas y répondre. Comment faisiez-vous ?

Il ne comprit pas tout de suite. Le commissaire dut préciser :

— Un homme a des besoins...

Avant la guerre, il existait une maison close, pas loin de l'Hôtel de Ville, justement, rue du Pot-de-Fer, où Jonas se rendait régulièrement. Les nouvelles lois l'avaient dérouté pendant un temps, puis il avait découvert un coin de rue, à proximité de la gare, où quatre ou cinq filles faisaient, le soir, les cent pas devant un hôtel meublé.

Il l'avoua, puisque aussi bien on le forçait à se mettre plus que nu.

— D'après ce que vous avez déclaré, vous n'étiez pas jaloux de votre femme.

— Je n'ai pas dit cela. J'ai dit que je ne le lui montrais pas.

— Je comprends. Donc, vous étiez jaloux ?

— Oui.

— Qu'auriez-vous fait si vous l'aviez surprise dans les bras d'un homme ?

— Rien.

— Vous n'auriez pas été furieux ?

— J'aurais souffert.

— Mais vous n'auriez pas usé de violence, ni contre elle, ni contre son partenaire ?

— Certainement pas.

— Elle le savait ?

— Elle devait le savoir.

— Elle en profitait ?

Il avait envie de répondre :

— Tout cela est écrit devant vous !

Mais, s'il avait déjà été impressionné quand l'inspecteur Basquin l'avait interrogé dans sa boutique, où il était entré avec l'air désinvolte d'un client, il l'était encore plus dans ce bureau officiel où on venait, en outre, de toucher à des points sensibles qui le laissaient comme écorché.

Il y avait des mots, des phrases, qui continuaient à résonner dans sa tête et il devait faire un effort pour comprendre ce qu'on lui disait.

— Vous ne l'avez jamais menacée ?

Il sursauta.

— De quoi ?

— Je ne sais pas. Vous n'avez jamais proféré de menaces contre elle ?

— Mais jamais ! L'idée ne m'en serait pas venue.

— Pas même au cours d'une scène de ménage, par exemple, ou encore en état d'ivresse ?

— Nous n'avons jamais eu de scène de ménage et on a dû vous dire que je ne bois que du café.

Le commissaire alluma lentement une pipe qu'il venait de bourrer et se renversa dans son fauteuil, ses lunettes à la main.

— Dans ce cas, comment expliquez-vous que votre femme ait eu peur de vous ?

Il crut avoir mal entendu.

— Vous dites ?

— Je dis : qu'elle ait eu peur de vous.

— Gina ?

— Votre femme, oui.

Il se leva d'une détente, tout impressionné qu'il fût par le décor. C'est à peine s'il pouvait prononcer distinctement les mots qui lui montaient à la bouche, en désordre.

— Mais, monsieur le commissaire, elle n'a jamais eu peur de moi... Peur de quoi ?... Quand elle rentrait, au contraire, je...

— Asseyez-vous.

Il s'en tordait les mains. C'était insensé, à croire qu'il vivait un de ses cauchemars de la nuit précédente.

— Peur de moi ! répétait-il. De moi !...

Qui donc aurait peur de lui ? Pas même les chiens errants du marché, ni les chats. Il était l'être le plus inoffensif de la terre.

Le commissaire, cependant, qui avait remis ses lunettes, jetait les yeux sur un rapport dont son doigt soulignait un passage.

— A plusieurs reprises, votre femme a déclaré que vous finiriez par la tuer.

— Quand ? A qui ? Ce n'est pas possible !

— Je n'ai pas, pour le moment, à vous révéler à qui elle a fait ces confidences, mais je puis vous affirmer qu'elle les a faites, et pas à une seule personne.

Jonas abandonnait. C'était trop. On venait de dépasser les bornes. Que les voisins se soient détournés de lui, il l'avait supporté, les dents serrées.

Mais que Gina...

— Ecoutez, monsieur le commissaire...

Il tendait des mains suppliantes, dans un dernier sursaut d'énergie.

— Si elle avait eu peur de moi, pourquoi...

A quoi bon ? D'ailleurs, il ne trouvait plus les mots. Il avait oublié ce qu'il voulait dire. Cela n'avait plus d'importance.

Peur de lui !

— Calmez-vous. Encore une fois, je ne vous accuse pas. Une enquête est ouverte à la suite de la disparition de votre femme et il est de mon devoir de ne rien négliger, d'entendre tous les témoignages.

Sans s'en rendre compte, il approuva de la tête.

— Il se fait que, pour des raisons mystérieuses, dès le matin où on a constaté la disparition de votre femme, vous avez menti.

Il ne protesta pas, comme il l'avait fait avec l'inspecteur Basquin.

— Peur de moi ! se répétait-il avec une obstination douloureuse.

— Cela a fatalement donné lieu à certains commentaires.

Sa tête disait toujours oui.

— Je ne demande qu'à éclaircir avec vous la situation.

Le visage, la silhouette du commissaire se brouillaient soudain devant ses yeux et il se sentait pénétré d'une faiblesse qu'il n'avait jamais connue.

— Vous... vous n'auriez pas un verre d'eau ? eut-il le temps de balbutier.

C'était la première fois qu'il s'évanouissait. Il faisait très chaud dans la pièce. Le commissaire se précipitait vers une porte et Jonas entendait couler un robinet.

Il ne dut avoir que quelques secondes d'inconscience car, quand il ouvrit les yeux, le

144

verre heurtait ses dents et de l'eau fraîche coulait encore le long de son menton.

Il regarda sans rancune, les paupières mi-closes, l'homme qui venait de lui faire si mal et qui restait penché sur lui.

— Vous vous sentez mieux ?

Il battit des cils, comme il le faisait pour saluer le Veuf, à qui le commissaire ressemblait. Peut-être le commissaire était-il un brave homme, qui avait pitié de lui ?

— Buvez encore une gorgée.

Il fit signe que non. Il était gêné. Par réaction, il lui venait tout à coup l'envie de pleurer. Il se contint, mais il se passa un bon moment avant qu'il fût capable de parler. Ce fut pour balbutier :

— Je vous demande pardon.

— Reposez-vous et ne dites rien.

Le commissaire ouvrait la fenêtre, qui laissait pénétrer d'un coup les bruits de la rue, allait se rasseoir à sa place, ne sachant plus que faire ni que dire.

7

Le marchand d'oiseaux

— Je crois, monsieur Milk, disait le commissaire, que vous m'avez mal compris. Encore une fois, pour une raison ou pour une autre, votre femme a disparu et on nous a demandé d'ouvrir une enquête. Nous n'avons pas pu éviter de recueillir des témoignages et de contrôler certains bruits qui couraient.

Jonas était calme, à présent, trop calme, et il y avait sur son visage comme un sourire qu'on aurait effacé à la gomme. Il regardait son interlocuteur poliment, l'esprit ailleurs, il écoutait, à vrai dire, le chant d'un coq qui venait d'éclater, vibrant, orgueilleux, au milieu des bruits de la ville. Au premier moment, cela l'avait tellement surpris qu'il en avait eu une sensation d'irréalité, de flottement, jusqu'à ce qu'il se souvienne que, juste en face du commissariat, il y avait un marchand d'oiseaux et d'animaux de basse-cour.

En se soulevant de sa chaise, il aurait pu voir les cages qui s'empilaient sur le trottoir, les poules, les coqs et les canards de race pure en bas, puis, au-dessus, les perruches, les canaris, d'autres oiseaux, certains rouge vif, certains bleus dont il ne connaissait pas le nom. A droite de la porte, un perroquet se tenait sur son perchoir et les passants s'étonnaient toujours qu'il ne soit pas attaché.

Sur la place, une femme à la voix aiguë, une marchande des quatre-saisons, interpellait les clientes en leur vantant sa « belle romaine » et, entre ses appels monotones, les intervalles étaient à peu près réguliers, de sorte qu'il finissait par les attendre.

— Je m'y suis peut-être pris un peu brutalement et je m'en excuse...

Jonas hochait la tête avec l'air de dire que tout était bien.

Gina avait peur de lui. Le reste ne comptait pas. Il pouvait tout entendre, à présent, et le commissaire n'avait pas besoin d'y aller par quatre chemins.

— Je ne vous cache pas qu'il existe un autre témoignage assez troublant. Mercredi, un peu avant minuit, une femme était accoudée à sa fenêtre, rue du Canal, à quatre cents mètres de chez vous. Elle attendait son mari qui, pour des raisons qui ne nous intéressent pas, n'était pas rentré à l'heure habituelle. Or, elle a vu passer un homme plutôt petit, de votre corpulence à peu près, qui portait un sac volumineux sur l'épaule et se dirigeait vers l'écluse en rasant les murs.

— Elle m'a reconnu ?

Il ne s'indignait pas, ne se révoltait pas.

— Je n'ai pas dit cela, mais il y a évidemment là une coïncidence.

— Vous croyez, monsieur le commissaire, que j'aurais eu la force de porter ma femme de la place du Vieux-Marché au canal ?

Si Gina n'était guère plus grande que lui, elle était plus lourde et il n'était pas fort.

M. Devaux se mordit les lèvres. Depuis l'évanouissement de Jonas, il était moins à son aise et prenait des précautions, sans se douter que ce n'était plus nécessaire. N'arrive-t-il pas un moment où l'acuité même de la douleur provoque l'insensibilité ? Jonas avait passé ce cap-là et, tout en écoutant ce qu'on lui disait, il se raccrochait aux bruits de la rue.

Ce n'était pas la même rumeur que dans son quartier. Les autos étaient plus nombreuses, les passants plus pressés. La lumière aussi était différente, et cependant il n'y avait pas dix minutes de marche d'ici au Vieux-Marché.

Les armoires, derrière le commissaire, étaient en acajou, comme le bureau, avec du tissu vert tendu derrière un grillage doré et, au-dessus, encadrée de bois noir, on voyait une photographie du président de la République.

— J'ai pensé à cette objection, monsieur Milk. Mais vous n'ignorez pas, si vous lisez les journaux, que ce problème a souvent, hélas, trouvé une solution.

Il ne comprit pas tout de suite.

— Vous n'avez pas été sans lire ou sans entendre des histoires de corps coupés en morceaux qu'on retrouve dans les rivières et les terrains vagues. Une fois de plus, je ne vous accuse pas.

On ne l'accusait pas d'avoir coupé Gina en morceaux et d'avoir transporté ceux-ci dans le canal !

— Ce qu'il nous reste à faire, à moins que votre femme réapparaisse ou que nous la retrouvions, c'est de vous mettre hors de cause

149

et, par conséquent, d'étudier posément toutes les hypothèses.

Il remettait ses lunettes pour jeter un coup d'œil à ses notes.

— Pourquoi, après sa disparition, vous êtes-vous empressé de donner son linge et le vôtre au blanchissage ?

On connaissait ses moindres gestes, comme s'il eût vécu dans une cage de verre.

— Parce que c'était le jour.

— C'est vous qui aviez l'habitude de compter le linge et d'en faire un paquet ?

— Non.

Non et oui. Ceci prouvait combien il est difficile d'exprimer une vérité absolue. C'était dans les attributions de Gina, comme dans les autres ménages, et Gina s'en occupait généralement. Seulement, elle ne savait jamais quel jour de la semaine on était et il arrivait à Jonas de lui rappeler, pendant qu'elle faisait la chambre :

— N'oublie pas le linge.

C'était courant aussi de placer la taie d'oreiller qui le contenait sous le comptoir, afin de ne pas faire attendre le chauffeur de la camionnette, qui était toujours pressé.

Gina vivait dans le désordre. N'avait-elle pas oublié de laver, avant de partir, la poêle dans laquelle elle avait cuit les harengs ? Jonas, qui avait vécu longtemps seul et qui n'avait pas toujours eu une femme de ménage, avait gardé l'habitude de penser à tout et de faire souvent en l'absence de Gina les besognes qu'elle aurait dû assumer.

— Votre femme venait de disparaître, monsieur Milk. Vous m'avez dit tout à l'heure que vous l'aimiez. Or, vous vous êtes donné la peine de vous livrer à une tâche dont les hommes ne s'occupent pas d'habitude.

Il ne put que répéter :

— Parce que c'était le jour.

Il sentait bien que son interlocuteur l'examinait curieusement. Basquin aussi, à certains moments, l'avait regardé de cette façon-là, en homme qui cherche à comprendre et n'y parvient pas.

— Vous ne cherchiez pas à faire disparaître des traces compromettantes ?

— Des traces de quoi ?

— Vous avez fait aussi, le vendredi ou le samedi, le grand ménage de la cuisine.

Cela lui était arrivé si souvent, avant Gina, quand la femme de ménage était malade, et encore depuis qu'il était marié !

— Ce sont des détails qui ne signifient rien par eux-mêmes, j'en conviens, mais dont l'accumulation ne laisse pas d'être troublante.

Il approuva, en élève docile.

— Vous n'avez aucune idée des relations que votre femme aurait pu nouer ces derniers temps ?

— Aucune.

— S'est-elle absentée plus souvent que d'habitude ?

Comme toujours, le matin, elle rôdait dans le marché, de préférence en robe de chambre et en pantoufles. L'après-midi, il lui arrivait de s'habiller, de se poudrer, de se parfumer et d'aller faire des achats en ville, ou voir une de ses amies.

— Elle n'a pas non plus reçu de courrier ?

— Elle n'a jamais reçu de lettres à la maison.

— Vous pensez qu'elle en recevait ailleurs, à la poste restante, par exemple ?

— Je ne sais pas.

— Ce qui est curieux, vous devez l'admettre, car vous êtes un homme intelligent, c'est qu'elle soit partie sans emporter de vêtements, pas même un manteau et, selon votre témoignage, presque démunie d'argent. Elle n'a pris ni un car, ni le train, nous nous en sommes assurés.

Il préféra en finir en parlant des timbres. Il était fatigué. Il avait hâte d'être hors de ce bureau et de ne plus entendre des questions qui avaient si peu de rapport avec la réalité.

— Ma femme, dit-il, ulcéré d'avoir à en arriver là, et avec le sentiment de commettre une trahison, avait prémédité son départ.

— Comment le savez-vous et pourquoi n'en avez-vous pas parlé à l'inspecteur Basquin ?

— Dans l'armoire à glace de notre chambre se trouve une cassette qui contenait mes timbres les plus rares,

— Elle le savait ?

— Oui.

— Ces timbres ont une grande valeur ?

— Plusieurs millions.

Il se demanda s'il avait bien fait de parler, car la réaction du commissaire n'était pas celle qu'il avait prévue. On le regardait, non seulement avec incrédulité, mais avec un surcroît de méfiance.

— Vous voulez dire que vous possédiez pour plusieurs millions de timbres-poste ?

— Oui. J'ai commencé à les collectionner au lycée, alors que j'avais à peu près treize ans, et je n'ai jamais cessé depuis.

— Qui, en dehors de votre femme, a vu ces timbres en votre possession ?

— Personne.

— De sorte que vous ne pouvez pas prouver qu'ils se trouvaient dans l'armoire ?

Il était devenu calme, patient, presque détaché, comme s'il ne s'agissait plus de Gina et de lui, et cela tenait peut-être à ce qu'il se retrouvait sur un terrain professionnel.

— Je peux prouver, pour la plupart, que je les ai acquis à un moment donné, soit par achat, soit par échange, certains il y a quinze ans, certains il y a deux ou trois ans. Les philatélistes forment un monde assez fermé. On sait presque toujours où sont les vignettes rares.

— Excusez-moi de vous interrompre, monsieur Milk. Je n'y connais rien en philatélie. J'essaie, pour l'instant, de me mettre dans l'état d'esprit d'un juré. Vous dites, encore que vous viviez sur un pied que je me permettrai de qualifier de très modeste, et j'espère que cela ne vous choque pas, vous dites donc que vous possédiez pour plusieurs millions de timbres-poste et que votre femme les a emportés. Vous ajoutez que, pour la plupart d'entre eux, vous êtes à même de prouver qu'ils sont entrés en votre possession il y a un certain nombre d'années. C'est bien cela ?

Il fit oui de la tête, écoutant le coq qui lançait un nouveau cocorico, et le commissaire, excédé, alla refermer la fenêtre.

— Vous permettez ?

— Comme vous voudrez.

— On se demandera tout d'abord si, mercredi dernier, ces timbres étaient encore chez vous, car rien ne vous a empêché de les revendre depuis longtemps. Vous est-il possible d'en apporter la preuve ?

— Non.

— Et pouvez-vous apporter la preuve que vous ne les avez plus ?

— Ils ne sont plus dans la cassette.

— Nous restons dans la théorie, n'est-ce pas ? Qu'est-ce qui vous aurait empêché de les mettre ailleurs ?

— Pourquoi ?

Pour accabler Gina, c'était ce que le commissaire pensait. Pour faire croire qu'elle était partie en emportant sa fortune.

— Voyez-vous maintenant combien ma tâche est difficile et délicate ? Les habitants de votre quartier, pour une raison que j'ignore, paraissent vous en vouloir.

— Jusqu'à ces derniers jours, ils se sont montrés gentils avec moi.

Le commissaire le regarda avec attention et Jonas trouva l'explication dans ses yeux. Lui non plus ne comprenait pas. Des êtres de toutes sortes avaient défilé dans son cabinet et il était habitué aux plus étranges confidences. Or, Jonas le déroutait et on le voyait passer de la sympathie à l'agacement, parfois à l'aversion, pour se reprendre à nouveau et s'efforcer de trouver un contact.

N'en avait-il pas été ainsi avec Basquin ? N'était-ce pas la preuve qu'il n'était pas un homme comme les autres ? En aurait-il été différemment dans le pays où il était né, à Arkhangelsk, parmi les gens de sa race ?

Toute sa vie, il en avait eu l'intuition. A l'école, déjà, il se faisait tout petit, comme pour qu'on l'oublie, et il était gêné quand, contre son gré, il arrivait premier de sa classe.

Ne l'avait-on pas encouragé à se considérer comme appartenant au Vieux-Marché ? Ne lui avait-on pas proposé, à certain moment, de faire partie d'un comité de défense des petits commerçants et même d'en devenir le trésorier ? Il avait refusé, sentant que ce n'était pas sa place.

Ce n'était pas sans raison qu'il avait montré tant d'humilité. Il fallait croire qu'il n'en avait pas encore montré assez, puisqu'on se retournait contre lui.

— Quand ces timbres, selon vous, ont-ils disparu ?

— J'ai d'habitude la clef de la cassette dans ma poche, avec la clef de la porte d'entrée et celle du tiroir-caisse.

Il montra la chaîne en argent.

— Mercredi matin, je me suis habillé en me levant, mais, la veille, j'étais descendu en pyjama.

— Votre femme aurait donc pris ces timbres le mardi matin ?

— Je le présume.

— Ils sont d'une vente facile ?

— Non.

— Alors ?

— Elle ne le sait pas. Les marchands, je vous l'ai dit, se connaissent entre eux. Quand on leur présente une pièce rare, ils ont l'habitude de s'enquérir de son origine.

— Vous avez alerté vos confrères ?

— Non.

— Pour quelle raison ?

Il haussa les épaules. Il recommençait à transpirer et regrettait les bruits de la rue.

— Votre femme serait donc partie sans manteau, sans bagages, mais avec une fortune qu'elle ne pourra pas réaliser. C'est bien cela ?

Il fit oui.

— Elle a quitté le Vieux-Marché mercredi soir, voilà donc plus d'une semaine, et personne ne l'a vue passer, personne ne l'a aperçue en ville, elle n'a pris ni le car, ni le train, bref, elle s'est volatilisée sans laisser la moindre trace. Où, selon vous, aurait-elle le plus de chances de vendre les timbres ?

— A Paris, évidemment, ou dans une grande ville comme Lyon, Bordeaux, Marseille. A l'étranger aussi.

— Pouvez-vous m'établir une liste des commerçants en timbres de France ?

— Des principaux, oui.

— Je leur enverrai une lettre circulaire pour les alerter. Maintenant, monsieur Milk...

Le commissaire se leva, hésita, comme s'il n'en avait pas fini avec le plus désagréable de sa tâche.

— Il me reste à vous demander d'autoriser deux de mes hommes à vous accompagner et à visiter votre maison. Je pourrais me procurer un mandat de perquisition mais, dans l'état de l'affaire, je préfère rester sur un plan moins officiel.

Jonas s'était levé à son tour. Il n'y avait aucune raison pour refuser puisqu'il n'avait rien à cacher et puisque, de toutes façons, il n'était pas le plus fort.

— Maintenant ?

— Je préférerais, oui.

Pour éviter qu'il se livre à quelque camouflage ?

C'était à la fois risible et tragique. Cela avait commencé par une petite phrase innocente :

— *Elle est allée à Bourges.*

C'était Le Bouc qui avait demandé, innocemment, lui aussi :

— Par le car ?

De là étaient parties petit à petit comme des vagues, des ondes, qui avaient envahi le Marché et avaient atteint enfin le commissariat, dans la haute ville.

Il n'était plus M. Jonas, le bouquiniste de la place qu'on saluait gaiement. Pour le commissaire, et sur les rapports, il était Jonas Milk, né à Arkhangelsk, Russie, le 21 septembre 1916, naturalisé français le 17 mai 1938, réformé du service militaire, de race israélite, converti au catholicisme en 1954.

Il lui restait à découvrir un dernier à-côté de l'affaire, auquel il était loin de s'attendre. Ils étaient debout. L'entretien, ou plutôt l'interrogatoire, paraissait terminé. M. Devaux jouait avec ses lunettes, qui accrochaient parfois un rayon de soleil.

— Au fait, monsieur Milk, vous avez une manière facile d'établir que ces timbres étaient en votre possession.

Il le regarda sans comprendre.

— Ils constituent, vous l'avez dit, un capital de plusieurs millions. Ils ont été achetés sur vos revenus et, par conséquent, il doit être possible de retrouver, dans vos déclarations d'impôts, la trace des sommes investies. Remarquez que cela ne me regarde pas personnellement et que c'est du domaine des Contributions Directes.

On le coincerait là-dessus aussi, il le savait d'avance. Il ne parviendrait pas à leur faire admettre une vérité toute simple. Il n'avait jamais acheté un timbre pour cinquante mille, cent mille, trois cent mille francs, même s'il en possédait de cette valeur. Il avait découvert les uns à force d'examiner à la loupe des timbres dont d'autres n'avaient pas décelé la rareté et, pour certains autres, il les avait obtenus par des échanges successifs.

Comme le commissaire l'avait dit, il vivait très modestement.

A quoi bon s'en soucier, au point où il en était ? Une seule chose comptait. *Gina avait peur de lui.* Et, au seuil du bureau, il posa timidement une question à son tour.

— Elle a vraiment dit que je la tuerais un jour ?

— C'est ce qui ressort des témoignages.

— A plusieurs personnes ?

— Je peux vous l'affirmer.

— Elle n'a pas ajouté pourquoi ?

M. Devaux hésita, referma la porte qu'il venait d'ouvrir.

— Vous tenez à ce que je vous réponde ?

— Oui.

— Vous remarquerez que je n'y ai fait aucune allusion au cours de notre conversation. Deux fois, au moins, parlant de vous, elle a déclaré :

» — C'est un vicieux.

Il s'empourpra. C'était le dernier mot auquel il s'attendait.

— Pensez-y, monsieur Milk, et nous reprendrons cet entretien un autre jour. Pour le moment, l'inspecteur Basquin va vous accompagner avec un de ses hommes.

La phrase du commissaire ne le révoltait pas, et il lui semblait enfin qu'il commençait à comprendre. Souvent, il arrivait à Gina de l'observer à la dérobée quand il était occupé et, dès qu'il levait la tête, elle paraissait gênée. Or, son regard ressemblait alors à certains regards de Basquin et du commissaire.

Elle vivait pourtant avec lui. Elle le voyait, elle, dans toutes ses attitudes, le jour et la nuit.

Malgré cela, elle ne s'était pas habituée et il restait pour elle un problème.

158

Elle avait dû se demander, quand elle travaillait encore chez lui comme femme de ménage, pourquoi il ne la traitait pas comme les autres hommes la traitaient, y compris Ancel. Elle n'était jamais fort vêtue et ses mouvements avaient une liberté impudique qu'on pouvait prendre pour de la provocation.

L'avait-elle cru impuissant, à cette époque, ou lui avait-elle attribué des mœurs spéciales ? N'y avait-il eu qu'elle, pendant des années, à y avoir pensé ?

Il la revoyait, grave, préoccupée, quand il avait parlé de l'épouser. Il la revoyait se dévêtir, le premier soir, et lui lancer, alors que, tout habillé, il rôdait autour de la chambre sans oser la regarder :

— Tu ne te déshabilles pas ?

On aurait dit qu'elle s'attendait à découvrir, chez lui, quelque chose d'anormal. La vérité, c'est qu'il avait honte de son corps trop rose et potelé.

Elle avait ouvert le lit, s'était étendue, les genoux écartés, en le regardant se dévêtir et, comme il s'approchait gauchement, elle s'était exclamée avec un rire qui n'était peut-être que de l'inquiétude :

— Tu gardes tes lunettes ?

Il les avait retirées. Tout le temps qu'il était resté sur elle, il avait senti qu'elle l'observait et elle n'avait ni pris part, ni feint de prendre part, à son plaisir.

— *Tu vois !* avait-elle dit.

Qu'est-ce que cela signifiait au juste ? Qu'il était malgré tout arrivé à ses fins ? Que, en dépit des apparences, il était un homme à peu près normal ?

— On dort ?

— Si tu veux.

— Bonne nuit.

Elle ne l'avait pas embrassé et il n'avait pas osé le faire non plus. Le commissaire le forçait à se rappeler qu'en deux ans ils ne s'étaient jamais embrassés. Il avait essayé deux ou trois fois et elle avait détourné la tête sans brusquerie, sans dégoût apparent.

Bien que dormant dans le même lit, il ne l'approchait que le moins souvent possible, parce qu'elle ne participait pas, et quand, vers le matin, il l'entendait haleter près de lui, s'abattre enfin au fond du lit avec un « han » presque déchirant, il gardait les yeux clos et feignait de dormir.

Comme le commissaire venait de le lui dire, on ne lui avait pas encore posé de questions là-dessus, mais cela viendrait.

Qu'est-ce qui faisait peur à Gina ?

Etait-ce son calme, sa douceur, sa tendresse honteuse quand elle revenait d'une de ses fugues ? On aurait dit, parfois, qu'elle le défiait de la battre.

Aurait-elle eu moins peur de lui ? Aurait-elle cessé de le considérer comme un vicieux ?

— Basquin ! appelait le commissaire qui s'était dirigé vers le couloir.

Dans un bureau, Jonas aperçut l'inspecteur qui travaillait sans veston.

— Vous allez prendre quelqu'un avec vous et accompagner M. Milk.

— Bien, monsieur le commissaire.

Il devait savoir ce qu'il avait à faire, car il ne réclamait pas d'instructions.

— Dambois ! criait-il à son tour, s'adressant à quelqu'un qui se tenait, invisible, dans un autre bureau.

Ni l'un ni l'autre n'étaient en uniforme mais tout le monde, au Vieux-Marché comme en ville, les connaissait.

— Réfléchissez, monsieur Milk, disait encore M. Devaux en guise d'adieu.

Ce n'était certainement pas à ce que le commissaire pensait qu'il réfléchissait. Il ne cherchait plus à se défendre, à répondre aux accusations plus ou moins grotesques qu'on avait formulées contre lui.

C'était un débat avec lui-même qui l'occupait, un débat infiniment plus tragique que leur histoire de femme coupée en morceaux.

Curieusement, ils avaient raison, mais pas à la façon qu'ils croyaient, et Jonas se sentait tout à coup réellement coupable.

Il n'avait pas fait disparaître Gina et n'avait pas jeté son corps dans le canal.

Il n'était pas vicieux non plus, dans le sens où ils l'entendaient, il ne se connaissait aucune anomalie, aucune déviation sexuelle.

Il n'avait pas encore fait le point, car la révélation était trop récente, elle venait de se produire, à l'instant où il s'y attendait le moins, dans l'atmosphère neutre d'un bureau administratif.

— Vous m'attendez un moment, monsieur Jonas.

Basquin, lui, continuait à lui donner le nom auquel il était habitué, mais cela ne lui faisait même plus plaisir. Ce stade-là était dépassé. Il avait gagné le bureau séparé par un comptoir de bois noir où de nouveaux visiteurs attendaient sur le banc et il feignit, par contenance, de lire une affiche officielle réglementant la vente des chevaux et bovins sur la place publique.

N'est-ce pas à son frère, d'abord, que Gina avait confié qu'elle avait peur de lui ? C'était probable. Cela expliquait la farouche opposition de Frédo au mariage.

A qui d'autre en avait-elle parlé ? A Clémence ? A la Loute ?

Il essayait de se rappeler la phrase que le commissaire lui avait répétée.

— *Cet homme-là me tuera un jour...*

Pourquoi ? Parce qu'il ne réagissait pas comme elle avait pensé qu'il réagirait quand elle allait courir le mâle ? Parce qu'il était trop doux, trop patient ?

S'était-elle imaginé qu'il jouait un rôle et qu'un jour il donnerait libre cours à ses vrais instincts ? Il lui avait dit, quand il lui avait parlé mariage :

— *Je peux tout au moins vous offrir la tranquillité.*

Cette phrase-là ou des mots approchants. Il ne lui avait pas parlé d'amour, de bonheur, mais de tranquillité, parce qu'il était trop humble pour se figurer qu'il pourrait lui donner autre chose.

Elle était belle, gonflée de sève, et il avait seize ans de plus qu'elle, il était un petit bouquiniste poussiéreux et solitaire dont la seule passion était de collectionner les timbres.

Ce n'était pas exact. C'était l'apparence, c'était ce que les gens devaient penser. La vérité, c'est qu'il vivait intensément, en son for intérieur, une vie riche et multiple, celle de tout le Vieux-Marché, de tout le quartier dont il connaissait les moindres pulsations.

A l'abri de ses verres épais qui paraissaient l'isoler et qui lui donnaient l'air inoffensif, n'était-ce pas un peu comme s'il avait volé, à leur insu, la vie des autres ?

Est-ce cela que Gina avait découvert en entrant dans sa maison ? Est-ce pour cela qu'elle avait parlé de vice et qu'elle avait eu peur ?

Lui en voulait-elle de l'avoir achetée ?

Car il l'avait achetée, il le savait et elle le savait. Angèle le savait mieux que quiconque, elle qui l'avait vendue, et Louis aussi, qui n'avait rien osé dire par peur de sa femme, et Frédo qui s'était révolté.

On ne la lui avait pas vendue contre de l'argent, mais contre de la tranquillité. Il en avait si bien conscience qu'il avait été le premier à employer ce mot-là, comme un appât, une tentation.

Avec lui, Gina aurait un front de respectabilité et ses frasques seraient couvertes. Sa vie matérielle serait assurée et Angèle ne tremblerait plus à la perspective de la voir finir sur le trottoir.

Les voisins qui assistaient à leurs noces n'y avaient-ils pas pensé ? Leurs sourires, leurs congratulations, leur contentement, surtout à la fin du repas, étaient-ils sincères ?

N'avaient-ils pas eu un peu honte, eux aussi, du marché qu'ils venaient en quelque sorte de contre-signer ?

L'abbé Grimault n'avait pas essayé ouvertement de détourner Jonas de ses projets. Lui aussi, sans doute, préférait voir Gina mariée. Pourtant, même la conversion de Jonas l'avait laissé sans enthousiasme.

— Je n'ose pas vous demander si vous avez la foi, car je ne voudrais pas vous induire au mensonge.

Il savait donc que Jonas ne croyait pas.

Devinait-il aussi que ce n'était pas seulement pour épouser Gina qu'il se faisait catholique et que, bien avant de la connaître, il lui était arrivé d'y penser ?

— Je vous souhaite d'être heureux avec elle et de la rendre heureuse.

Il le souhaitait, mais il était visible qu'il n'y croyait pas. Il faisait son devoir de prêtre en les unissant, comme il l'avait fait en accueillant le petit homme d'Arkhangelsk dans le sein de l'Eglise catholique romaine.

Comment, pendant deux ans, Jonas n'avait-il jamais eu l'idée que Gina pouvait avoir peur de lui ?

Maintenant, ses yeux s'étaient dessillés et des détails auxquels il n'avait pas pris garde lui revenaient à la mémoire.

Il se rendait compte, enfin, qu'il était un étranger, un juif, un solitaire, un homme venu de l'autre bout du monde pour s'incruster comme un parasite dans la chair du Vieux-Marché.

— Si vous voulez venir...

Les deux hommes étaient prêts, le chapeau sur la tête, et, Jonas marchant au milieu, d'une demi-tête plus petit que ses compagnons, ils se dirigeaient vers la rue Haute dans un air saturé de soleil et de chaleur.

— Cela s'est bien passé ? questionna Basquin, qui avait certainement été prendre langue avec son chef.

— Je suppose. Je ne sais pas.

— Le commissaire est un homme d'une intelligence peu commune, qui occuperait depuis longtemps un poste important à Paris s'il ne tenait à vivre avec sa fille. Il était docteur en droit à vingt-trois ans et a débuté dans la carrière préfectorale. C'est par hasard qu'il est entré dans la police.

De temps en temps, Basquin rendait son salut à un passant et des gens se retournaient pour regarder Jonas qui marchait entre les deux policiers.

— Depuis quatre jours, déjà, depuis le jour où je suis allé vous voir, nous avons lancé partout le signalement de votre femme.

L'inspecteur était surpris que Jonas ne réagisse pas et il lui lançait des coups d'œil en coin.

— Il est vrai qu'il existe beaucoup de belles filles brunes en robe rouge. Sans compter qu'elle s'est peut-être acheté une nouvelle robe.

En passant devant le restaurant, Jonas aperçut le haut du visage de Pépito au-dessus des rideaux et Pépito le regardait. Viendrait-il déjeuner chez lui ? Lui en laisserait-on la possibilité ? Il était déjà onze heures et demie. Ils allaient sans doute fouiller la maison de fond en comble et les recoins étaient pleins de vieilleries, car Jonas ne jetait rien.

Qui sait si, au point où il en était, ils n'allaient pas l'arrêter ?

Il restait à passer devant chez Le Bouc et il préféra détourner la tête, non par honte, mais pour leur éviter, à eux, de la gêne.

Car ils devaient malgré tout être gênés. Ils avaient dû s'encourager les uns les autres. Chacun, pris isolément, sauf Frédo, n'aurait pas osé se retourner si brutalement contre lui.

— *Si tu le dis, je le dis...*

Pourquoi pas, puisqu'il les avait trompés ? Il sortit les clefs de sa poche, ouvrit la porte sous laquelle il trouva un prospectus jaune du cinéma.

— Entrez, messieurs.

La boutique, qui avait reçu le soleil toute la matinée, et où l'air stagnait, était une fournaise. Deux grosses mouches noires volaient maladroitement.

— Je suppose que vous préférez que je laisse la porte ouverte ?

L'odeur des livres était plus forte que d'habitude et, pour établir un courant d'air, il alla ouvrir la porte de la cour, où un merle sautillait. Il le connaissait. Le merle venait chaque matin et n'avait pas peur de Jonas.

— Dites-moi si vous avez besoin de moi.

Ce fut Basquin qui prit la parole.

— J'aimerais d'abord visiter la chambre. Je suppose que c'est par ici ?

— Montez ! Je vous suis.

Il avait envie d'une tasse de café, mais n'osait pas demander la permission d'aller s'en préparer, à plus forte raison d'aller en boire chez Le Bouc.

La chambre était en ordre, la courtepointe bien tirée sur le lit et la toilette immaculée. En entrant, le regard de Jonas tomba tout de suite sur le peigne de Gina qui était sale et auquel des cheveux restaient accrochés. Il était tellement habitué à le voir à la même place qu'il ne l'avait pas remarqué les jours précédents et qu'il ne l'avait pas lavé.

— Il n'y a que cette chambre à coucher dans la maison ?

— Oui.

— C'est donc dans ce lit que vous dormiez tous les deux ?

— Oui.

Par la fenêtre ouverte, Jonas crut entendre des pas furtifs sur le trottoir, des chuchotements.

— Où donne cette porte ?

— Dans les cabinets.

— Et celle-ci ?

Il la poussa. Cela avait été jadis une chambre à coucher qui avait vue sur la cour, mais elle était si exiguë qu'il y avait tout juste la place pour un lit. Jonas l'utilisait comme grenier et comme arrière-boutique. On y trouvait des chaises cassées, un vieux coffre à la serrure arrachée qui datait de l'exode de Russie, un mannequin de couturière qu'il avait acheté pour Gina et dont elle ne s'était jamais servie, de la vaisselle fêlée, des livres en tas, ceux qu'il n'avait aucun espoir de vendre, et même un pot de chambre. On ne prenait jamais les poussières dans cette pièce. On n'ouvrait pas la lucarne deux fois par an et l'air sentait le renfermé, une poudre grise s'étendait sur tous les objets.

Les deux policiers échangèrent un coup d'œil. Cela devait signifier qu'on n'aurait pas pu venir ici, récemment, sans laisser de traces. Ils avaient gardé leur chapeau sur la tête et Basquin finissait une cigarette dont il alla jeter le bout dans le cabinet.

— Ce sont les vêtements ? demanda-t-il en désignant l'armoire à glace.

Jonas en ouvrit les deux portes et l'inspecteur laissa courir ses doigts sur les robes, les manteaux, puis sur les deux complets et le pardessus de Jonas.

— Elle n'avait pas d'autre manteau ?

— Non.

Dans le bas de l'armoire se trouvaient trois paires de souliers de Gina, une paire de pantoufles et une paire de souliers à lui. C'était toute leur garde-robe.

— C'est le fameux coffret ?

Il admettait ainsi que le commissaire lui avait parlé pendant que Jonas attendait dans le premier bureau.

— Voulez-vous l'ouvrir ?

Il sortit à nouveau ses clefs, posa le coffret sur le lit et en souleva le couvercle.

— Je croyais qu'il était vide, s'étonna Basquin.

— Je n'ai jamais dit ça.

Il restait en effet une cinquantaine de pochettes transparentes contenant chacune un timbre ou une carte timbrée.

— Qu'a-t-elle donc emporté ?

— Un quart environ des timbres qui se trouvaient ici. Le tout, avec les enveloppes, n'aurait pas tenu dans son sac.

— Les plus rares ?

— Oui.

— Comment a-t-elle pu les reconnaître ?

— Je les lui avais montrés. Et aussi parce qu'ils étaient au-dessus des autres, car je venais les regarder.

Les deux hommes échangèrent un coup d'œil derrière son dos et ils devaient le considérer comme un maniaque.

— Vous ne possédez pas d'arme dans la maison ?

— Non.

— Vous n'avez jamais eu de revolver ?

— Jamais.

Le policier qui accompagnait Basquin examinait le plancher, la tapisserie à fleurs bleues et roses, les rideaux bleus, comme pour y trouver des traces de sang. Il étudia avec plus de soin les alentours de la toilette et alla poursuivre son inspection dans les cabinets.

Basquin, lui, montait sur la chaise à fond de

paille pour regarder au-dessus de l'armoire à glace, puis il ouvrit un à un les tiroirs de la commode.

Celui du dessus était le tiroir de Gina et tout y était en désordre, ses trois chemises de nuit, des slips, des soutiens-gorge, deux combinaisons qu'elle ne portait presque jamais, des bas, un sac à main usé, un poudrier, deux tubes d'aspirine et un appareil hygiénique en caoutchouc.

Dans le sac à main, l'inspecteur trouva un mouchoir marqué de rouge à lèvres, des pièces de monnaie, un crayon-réclame et une souche de deux cent vingt-sept francs pour un achat qu'elle avait fait à Prisunic.

Le tiroir de Jonas était mieux rangé, avec les chemises d'un côté, les pyjamas de l'autre, les chaussettes, les caleçons, les mouchoirs et les gilets de corps au milieu. Il y avait aussi un portefeuille que Gina lui avait offert pour sa fête et dont il ne se servait pas, parce qu'il le trouvait trop beau. Il sentait encore le cuir neuf et il était vide.

Enfin, le tiroir du bas contenait, pêle-mêle, tout ce qui ne trouvait pas place ailleurs, des médicaments, les deux couvertures d'hiver, une brosse à chapeau au dos en argent qu'on leur avait offerte à leur mariage, des épingles à cheveux et deux cendriers-réclame qui ne servaient pas.

Basquin n'oublia pas le tiroir de la table de nuit, où il trouva une paire de lunettes cassées, du gardénal, un rasoir, et enfin une photographie de Gina nue.

Ce n'était pas Jonas qui l'avait prise, ni qui l'avait mise là. Elle datait de bien avant leur mariage, car Gina ne devait pas avoir vingt ans et, si elle avait déjà la poitrine développée, sa taille était plus mince, ses hanches moins fortes.

— Regarde, lui avait-elle dit un jour que, par miracle, elle mettait de l'ordre dans ses affaires. Tu me reconnais ?

Les traits n'étaient pas encore très dessinés. Il est vrai que la photographie était floue. Gina se tenait au pied d'un lit, debout, dans une chambre d'hôtel, sans doute, et on sentait qu'elle ne savait que faire de ses mains.

— Tu ne trouves pas que j'étais mieux que maintenant ?

Il avait répondu non.

— Cela m'amuse de la garder, parce que cela me permet de comparer. Un jour viendra où on ne croira pas que c'est moi.

Elle se regardait dans la glace, bombant le torse, tâtant ses hanches.

— Je n'ai pas pris cette photo, s'empressa-t-il de déclarer à Basquin. Elle était beaucoup plus jeune.

L'inspecteur lui lançait une fois de plus un coup d'œil curieux.

— Je vois, dit-il.

Puis, après un regard à son collègue :

— Allons au rez-de-chaussée.

C'était un peu comme quand, dans une vente publique, on entasse les meubles et les objets les plus personnels d'une famille sur le trottoir, où les curieux viennent les tâter.

Quelle importance cela avait-il maintenant qu'on fouille sa tanière, après ce qu'on lui avait fait ?

Non seulement il n'était plus chez lui dans sa maison, mais il n'était plus chez lui dans sa peau.

8

Le merle du jardin

Au moment où, pour se rendre de la chambre à coucher à la cuisine, ils traversaient le cagibi, Jonas eut un coup d'œil machinal vers le magasin et aperçut des visages collés à la vitre, il eut même l'impression qu'un gamin, qui avait dû pénétrer dans la maison, sortait précipitamment, provoquant des éclats de rire.

Les policiers examinaient tout, le placard où on rangeait l'épicerie, la balance et le moulin à café, et à la porte duquel pendaient les balais, le contenu des armoires, le tiroir de la table, et ils étudièrent avec un soin particulier la hache à viande et les couteaux à découper comme pour y chercher des traces suspectes.

Ils allèrent dans la cour aussi, d'où Basquin désigna les fenêtres de la maison des Palestri.

— Ce n'est pas chez Gina ?

— Si.

Une des fenêtres était même celle de la chambre qu'elle occupait jeune fille et qui était devenue la chambre de Frédo.

Le cagibi prit plus de temps. Les tiroirs étaient pleins de papiers de toutes sortes, d'enveloppes bourrées de timbres, marquées de signes que l'inspecteur se faisait expliquer, et il feuilleta longuement l'album de Russie en lançant de petits coups d'œil à Jonas.

— Vous n'avez pas fait la même chose pour les autres pays, n'est-ce pas ?

Il ne pouvait que répondre non. Il savait ce qu'on en déduirait.

— Je vois que vous avez toute la série des timbres soviétiques. C'est la première fois que j'ai l'occasion d'en regarder. Comment vous les êtes-vous procurés ?

— On les trouve partout dans le commerce.

— Ah !

Les curieux ne s'éloignèrent que quand les deux hommes s'en prirent à la boutique, où ils passèrent la main derrière les rangs de livres.

— Vous avez nettoyé récemment ?

Est-ce que le fait que, pour s'occuper, il avait entrepris le grand nettoyage des rayons allait être aussi retenu contre lui ? Cela lui était indifférent. Il ne se défendait plus.

A un moment donné de la matinée, il n'aurait pas pu préciser lequel, et cela n'avait aucune importance, une cassure s'était produite. C'était comme si on avait coupé un fil, ou mieux, comme s'il avait échappé soudain aux lois de la pesanteur.

Il les voyait tous les deux, l'inspecteur et Dambois, qui faisaient leur métier en conscience, mais leurs allées et venues, leurs gestes, les paroles qu'ils prononçaient n'avaient plus rien à voir avec lui. Un petit groupe, dehors, continua à regarder la maison, et il ne jeta même pas un coup d'œil pour savoir qui le composait, ce n'était pour lui qu'une tache vivante dans le soleil.

Tout était dépassé. Il était passé de l'autre

côté. Il attendait, patient, que ses compagnons eussent fini et, quand ils se décidèrent enfin à s'en aller, il retira le bec-de-cane et referma la porte à clef derrière eux.

Ce n'était plus sa maison. Les meubles, les objets restaient à leur place. Il aurait encore pu mettre la main sur chaque chose les yeux fermés, mais toute communication avait cessé d'exister.

Il avait faim. L'idée ne lui vint pas d'aller déjeuner chez Pépito. Dans la cuisine, il trouva un reste de fromage de la veille, un quignon de pain, et il se mit à manger, debout devant la porte de la cour.

A ce moment-là, il n'avait encore rien décidé, en tout cas consciemment, et c'est quand son regard s'arrêta sur une corde à linge tendue entre la maison et le mur des Chaigne que sa pensée prit une forme plus précise !

Il avait parcouru une longue route, d'Arkhangelsk jusqu'ici, en passant par Moscou, Yalta et Constantinople pour aboutir dans une vieille maison de la place du Marché. Son père était reparti. Puis sa mère.

— *Je tiens à ce qu'il reste au moins celui-ci !* avait dit Constantin Milk en désignant Jonas au moment de tenter l'aventure.

Maintenant, c'était son tour. Sa décision était prise, et pourtant il finissait son fromage et son pain en regardant la corde à linge qui était en fil d'acier tressé, puis la branche de tilleul qui dépassait du jardin des épiciers d'à côté. Un des deux fauteuils de fer, par hasard, était juste en dessous de la branche.

C'était vrai, comme il l'avait affirmé à l'inspecteur, qu'il n'avait jamais possédé d'arme et qu'il avait horreur de toute violence, au point que le bruit des pistolets d'enfants, sur la place, le faisait chaque fois sursauter.

Il réfléchissait, se demandant s'il n'avait plus rien à faire en haut, ni dans la boutique ou le cagibi.

Il n'avait plus rien à faire nulle part. On ne l'avait pas compris, ou il n'avait pas compris les autres, et ce malentendu-là, désormais, n'aurait plus aucune chance de se dissiper.

Il eut un instant l'envie de s'expliquer dans une lettre, mais c'était une dernière vanité dont il eut honte et il y renonça.

Ce ne fut pas sans peine qu'il défit les nœuds qui attachaient la corde métallique et il dut aller chercher les pinces dans le tiroir de la cuisine. Il n'était pas triste, ni amer. Il ressentait, au contraire, une sérénité qu'il n'avait pas encore connue.

Il pensait à Gina, et ce n'était déjà plus la Gina telle qu'on la voyait ou qu'elle se voyait elle-même, c'était une Gina désincarnée qui, dans son esprit, se confondait avec l'image qu'il s'était créée de sa sœur Doucia, une femme comme il n'en existe probablement pas : la femme.

Apprendrait-elle qu'il était mort à cause d'elle ? Il essayait encore de se mentir et cela le faisait rougir. Ce n'était pas à cause d'elle qu'il s'en allait, c'était à cause de lui, c'était peut-être, en réalité, parce qu'on l'avait obligé à descendre trop loin en lui-même.

Pouvait-il encore vivre après ce qu'il avait découvert de lui et des autres ?

Il monta sur le fauteuil de fer pour attacher la corde à la branche d'arbre et s'écorcha à un brin de fil métallique, le bout de son doigt saigna, qu'il suça comme quand il était petit.

174

Si, des fenêtres des Palestri, de la chambre qui avait été celle de Gina, on pouvait voir la porte de la cuisine, le mur mitoyen des Chaigne empêchait de plonger le regard jusqu'à l'endroit où il se tenait. Il lui restait à faire un nœud coulant et il se servit des pinces pour être sûr de sa solidité.

Une buée chaude, soudain, venait de lui monter au visage à la vue de la boucle qui pendait, et il s'essuya le front, la lèvre supérieure, eut du mal à avaler sa salive.

Il se sentait ridicule, debout sur le fauteuil de jardin, à hésiter, à trembler, pris de panique à l'idée de la douleur physique qu'il allait ressentir et surtout de l'étouffement progressif, de la lutte que son corps suspendu dans le vide engagerait sans doute contre l'asphyxie.

Qu'est-ce qui l'empêchait de vivre, en somme ? Le soleil continuerait à luire, la pluie à tomber, la place à se remplir de bruits et d'odeurs les matins de marché. Il pourrait encore se préparer du café, solitaire dans la cuisine, en écoutant les chants d'oiseaux.

Le merle, à ce moment-là, son merle, vint se poser sur la caisse où la ciboulette poussait à côté d'une touffe de thym et, en le regardant sautiller, Jonas eut les yeux pleins d'eau.

Il n'avait pas besoin de mourir. Personne ne l'y forçait. Il lui était possible, avec de la patience et un surcroît d'humilité, de s'arranger avec lui-même.

Il descendit du fauteuil de fer et se hâta soudain vers la maison pour fuir la tentation, être sûr de ne pas revenir en arrière. Ses genoux tremblaient et ses jambes étaient molles. Il frotta une allumette au-dessus du réchaud à gaz, versa de l'eau dans la bouilloire pour se préparer du café.

Il trouverait de bonnes raisons pour agir comme il le faisait. Qui sait ? Gina reviendrait peut-être un jour et aurait besoin de lui. Les gens de la place eux-mêmes finiraient par comprendre. Est-ce que Fernand Le Bouc, déjà, ne s'était pas montré gêné ?

Dans le placard à moitié obscur, il tournait le moulin à café appliqué au mur. C'était un moulin en faïence, avec un paysage de Hollande, en bleu sur fond blanc, qui représentait un moulin à vent. Il n'était jamais allé en Hollande. Lui qui, bébé, avait parcouru de si longues distances, n'avait jamais voyagé par la suite, comme s'il avait eu peur de perdre sa place au Vieux-Marché.

Il serait patient. Le commissaire, Basquin l'avait dit, était un homme intelligent.

Déjà l'odeur du café lui faisait du bien, tandis que la vapeur embuait ses verres. Il se demandait maintenant s'il aurait gardé ses lunettes pour se pendre, puis il pensait à nouveau à Doucia, se disant que c'était peut-être grâce à elle qu'il n'avait pas accompli le geste définitif.

Il n'osait pas encore retourner dans la cour pour défaire le nœud. Le réveille-matin, sur la cheminée, marquait deux heures moins dix et cela le réconfortait d'entendre le tic-tac familier.

Il s'arrangerait, éviterait de penser à certains sujets. L'envie lui venait de revoir ses timbres de Russie, comme pour se raccrocher à quelque chose, et, emportant sa tasse, il alla s'asseoir devant son bureau du cagibi.

Est-ce qu'il était lâche ? Est-ce qu'il se repentirait de n'avoir pas fait aujourd'hui ce qu'il avait décidé de faire ? Est-ce que, plus tard, si la vie lui devenait trop lourde, il en aurait encore le courage ?

Il n'y avait personne, dehors, à l'épier. La place était vide. L'horloge de Sainte-Cécile sonna deux heures et il aurait dû, pour suivre les rites, aller mettre le bec-de-cane à la porte.

Cela n'avait plus la même importance qu'avant et il avait le temps de reprendre petit à petit ses habitudes. Il ouvrit le tiroir, saisit l'album où, sur la première page, il avait collé une photographie de son père et de sa mère devant la poissonnerie. Il l'avait prise avec un appareil à bon marché qu'on lui avait donné pour Noël quand il avait onze ans. Il allait tourner la page lorsqu'une ombre se profila derrière la vitre. Une femme qu'il ne connaissait pas frappait à la porte, essayait de voir à l'intérieur, surprise de trouver la boutique fermée.

Il pensa que c'était une cliente et faillit ne pas ouvrir. C'était une femme du peuple d'une quarantaine d'années et elle avait dû avoir plusieurs enfants et travailler dur toute sa vie, car on lui voyait les déformations, la lassitude des femmes de sa sorte, vieillies avant l'âge.

La main en écran au-dessus de ses yeux, elle fouillait la pénombre de la boutique et il se leva enfin, presque par charité.

— J'avais peur qu'il n'y ait personne, dit-elle en le regardant avec curiosité.

Il murmura :

— Je travaillais.

— Vous êtes bien le mari de Gina ?

— Oui.

— C'est vrai qu'ils ont l'intention de vous arrêter ?

— Je ne sais pas.

— On me l'a dit ce matin, et je me demandais si j'arriverais trop tard.

— Asseyez-vous, dit-il en lui désignant une chaise.

— Je n'ai pas le temps. Il faut que je retourne à l'hôtel. Ils ne savent pas que je suis sortie, car j'ai pris par la porte de derrière. Les patrons, qui sont nouveaux dans le métier, se croient obligés de se montrer sévères.

Il écoutait sans comprendre.

— Je travaille comme femme de chambre à l'Hôtel des Négociants. Vous connaissez ?

C'est là qu'il avait assisté au repas de noces de la fille d'Ancel. Les murs étaient peints en faux marbre et le hall était garni de plantes vertes.

— Avant que mon mari entre à l'usine, j'ai habité ce quartier-ci, au coin de la rue Gambetta et de la rue des Saules. J'ai bien connu Gina alors qu'elle devait avoir une quinzaine d'années. C'est pourquoi, quand elle est venue à l'hôtel, je l'ai tout de suite reconnue.

— Quand est-elle allée à l'hôtel ?

— Plusieurs fois. Chaque fois que le représentant de Paris vient ici, c'est-à-dire à peu près toutes les deux semaines. Cela dure depuis des mois. Il s'appelle Thierry, Jacques Thierry, j'ai regardé son nom au registre, et il est dans les produits chimiques. Il paraît qu'il est ingénieur, bien qu'il soit encore jeune. Je parierais qu'il n'a pas trente ans. Il est marié et a deux beaux enfants, je le sais parce qu'au début il plaçait toujours une photo de sa famille sur la table de nuit. Sa femme est blonde. Son aîné, un garçon, a cinq ou six ans, comme mon plus jeune.

» J'ignore où il a rencontré Gina mais, un après-midi, je l'ai vu dans le couloir avec elle et elle est entrée dans sa chambre.

» Depuis, chaque fois qu'il vient, elle passe un moment avec lui à l'hôtel, une heure ou deux, cela dépend, et j'ignore d'autant moins ce qui se passe que c'est moi qui dois refaire le lit. Je vous demande pardon de vous dire ça, mais on prétend que vous êtes dans les ennuis et j'ai pensé qu'il était préférable que vous sachiez.

» Gina était déjà comme ça à quinze ans, si cela peut vous consoler, et j'ajoute une chose que vous ignorez peut-être, mais que je tiens de bonne source, c'est que sa mère, jadis, était pareille.

— Elle est allée à l'hôtel mercredi dernier ?

— Oui. Vers deux heures et demie. Quand on m'a raconté l'histoire, ce matin, je n'étais pas sûre du jour et je suis allée regarder au registre. Il est arrivé mardi de bonne heure et est reparti mercredi soir.

— Par le train ?

— Non. Il vient toujours en auto. J'ai compris qu'il a d'autres usines à visiter en cours de route.

— Ils sont restés longtemps ensemble, mercredi ?

— Comme d'habitude, répondit-elle en haussant les épaules.

— Quelle robe portait-elle ?

— Une robe rouge. On ne pouvait pas ne pas la voir.

Il avait voulu l'éprouver.

— Maintenant, j'aimerais mieux que mon nom ne soit pas mêlé à cette histoire car, comme je vous l'ai déjà dit, les nouveaux patrons ont leurs idées à eux. Mais, si on veut vraiment vous mettre en prison et que ce soit indispensable, je répéterai ce que je sais.

— Vous n'avez pas l'adresse de l'homme à Paris ?

— Je l'ai copiée sur un morceau de papier et je vous l'ai apportée.

Elle paraissait surprise de le voir si calme et si morne, alors qu'elle avait dû s'attendre à ce qu'il se sente soulagé.

— C'est au 27, rue Championnet. Je suppose qu'il ne l'a pas conduite chez lui. Quand je pense à sa femme, qui a l'air si fragile, et à ses enfants...

— Je vous remercie.

— Mon nom est Berthe Lenoir, pour le cas où vous auriez besoin de moi. Je préférerais qu'on ne vienne pas à l'hôtel. Nous habitons le lotissement en face de l'usine, le deuxième pavillon à gauche, celui qui a des volets bleus.

Il dit encore merci et, quand il se trouva seul, il fut plus dérouté que jamais, un peu à la façon d'un prisonnier qui, recouvrant la liberté après de longues années, ne sait qu'en faire.

Il pouvait leur fournir la preuve, à présent, qu'il ne s'était pas débarrassé de Gina et qu'il n'avait pas été jeter son corps dans le canal. Ce qui le surprenait le plus, c'est ce qu'on lui avait dit de l'homme avec qui elle était partie, car il ne correspondait pas au type qu'elle choisissait d'habitude.

Il y avait près de six mois que leur liaison durait et, pendant ce temps-là, elle n'avait pas fait une seule fugue.

Est-ce qu'elle l'aimait ? Et, lui, allait-il briser son ménage ? Pourquoi, étant donné sa situation, Gina avait-elle emporté les timbres ?

Machinalement, il avait mis son chapeau et s'était dirigé vers la porte, afin de se rendre au commissariat. Cela lui paraissait la seule chose logique à faire. Ce n'était pas agir contre Gina, à qui la police, du moment qu'il ne se plaignait pas, n'avait pas de comptes à demander. Il ne réclamerait pas ses timbres. On ne pouvait rien contre son amant non plus.

C'était une sensation curieuse de se retrouver sur le trottoir, dans le soleil qui était encore plus chaud que ce matin, et de passer devant chez Le Bouc en se disant qu'il y reviendrait.

Car rien ne l'empêchait d'y revenir. Les gens de la place apprendraient vite ce qui s'était passé et, au lieu de lui en vouloir, allaient le plaindre. Ils auraient un peu honte, au début, de l'avoir lâché si vite, mais il suffirait de quelques jours pour que tout soit à nouveau comme par le passé et pour qu'on lui lance joyeusement :

— Salut, monsieur Jonas !

Angèle lui en voudrait-elle de ne pas avoir mieux surveillé sa fille ? Avait-elle été capable de le faire, elle, avant que Gina se marie ?

Seul Frédo ne changerait pas d'attitude, mais il y avait peu de chances pour que Frédo se réconcilie avec le genre humain. Il s'en irait tôt ou tard, Dieu sait où, loin du Vieux-Marché qu'il haïssait et se sentirait aussi malheureux ailleurs.

Il faillit, tout de suite, entrer chez Fernand, comme si tout était déjà oublié, puis il se dit que c'était trop tôt et s'engagea dans la rue Haute.

Il était persuadé que Gina reviendrait, comme elle était chaque fois revenue, plus marquée, cette fois, que les autres, et qu'alors elle aurait besoin de lui.

Tout n'était-il pas à nouveau facile ? Il fallait entrer au commissariat, se diriger vers le comptoir en bois noir qui coupait la première pièce en deux.

— Je voudrais parler au commissaire Devaux, s'il vous plaît.

— De la part de qui ?

A moins que ce soit le même brigadier que ce matin qui, lui, le reconnaîtrait.

— Jonas Milk.

Car, ici, on l'appelait Milk. Peu importait, cette fois, qu'on le fasse attendre. Le commissaire serait surpris. Sa première idée serait qu'il s'était décidé à passer aux aveux.

— Je sais où est ma femme, annoncerait Jonas.

Il fournirait le nom et l'adresse de la femme de chambre et recommanderait de ne pas aller la voir à l'hôtel ; il remettrait aussi le bout de papier avec l'adresse du représentant en produits chimiques.

— Vous pouvez vérifier, mais je tiens à ce qu'ils n'aient pas d'ennuis. Peut-être Mme Thierry ne sait-elle rien et il est inutile qu'elle apprenne la vérité.

Le comprendrait-on, cette fois ? Allait-on encore le regarder comme un homme d'une autre planète ? Ou bien, enfin, accepterait-on de le considérer comme un humain pareil aux autres ?

La rue Haute, à cette heure-ci, était presque déserte. Place de l'Hôtel-de-Ville, les charrettes des marchandes des quatre-saisons avaient disparu et des pigeons picoraient entre les pavés.

Il aperçut de loin des cages d'oiseaux, en face du commissariat, mais n'entendit pas chanter le coq.

Ce matin, dans le bureau du commissaire, il s'était évanoui pour la première fois de sa vie et cela n'avait pas été une sensation désagréable : il lui avait même semblé, un instant, que son corps cessait de lui peser, comme s'il était en train de se désincarner. Au moment de perdre conscience, il avait pensé à Doucia.

Il ralentissait le pas sans s'en rendre compte. Il n'avait plus qu'une vingtaine de mètres à parcourir et il voyait distinctement les yeux ronds du perroquet sur son perchoir. Un agent sortit du commissariat et monta sur une bicyclette, peut-être pour aller porter une convocation sur du papier rugueux comme il en avait reçu une la veille.

Etait-ce réellement la veille ? Cela paraissait si loin dans le passé ! N'avait-il pas vécu, depuis, presque autant que pendant le reste de son existence ?

Il s'était arrêté, à dix pas de la porte surmontée d'une lanterne bleue, et, les yeux grands ouverts, il ne regardait rien. Un gamin d'une quinzaine d'années, qui courait, le bouscula, faillit le renverser, et il rattrapa ses verres de justesse. Que serait-il arrivé s'ils s'étaient brisés sur le trottoir ?

Le marchand d'oiseaux, portant une blouse gris sombre comme les quincailliers, l'observait, se demandant peut-être s'il était malade, et Jonas fit demi-tour, traversa à nouveau la place aux petits pavés et descendit la rue Haute.

Pépito qui, la porte ouverte, balayait son restaurant, le vit passer. Le Bouc aussi. Il n'y eut qu'une petite fille très blonde, qui jouait toute seule à la poupée sous le toit d'ardoises du Vieux-Marché, à le voir retirer le bec-de-cane de sa porte.

9

Le mur du jardin

Le temps était gris et lourd. Une camion-nette stationnait, deux de ses roues sur le trottoir, en face de la boutique du bouquiniste. La boulangère n'avait pas remarqué qu'il n'était pas venu, le matin, acheter ses trois croissants. Le garçon qui, la semaine précé-dente, avait emporté un livre sur la vie des abeilles et qui apportait ses cinquante francs, essaya d'ouvrir la porte et regarda à l'intérieur sans rien voir.

A dix heures et quart, chez Le Bouc, Ancel remarqua :

— Tiens ! On n'a pas vu Jonas ce matin.

Il avait ajouté, mais sans méchanceté :

— Crapule de Jonas !

Le Bouc n'avait rien dit.

C'est seulement à onze heures que, chez Angèle, une femme qui avait voulu entrer dans le magasin pour acheter un livre, avait ques-tionné :

— Votre gendre est malade ?

Angèle avait riposté, penchée sur un panier d'épinards, son gros derrière en l'air :

— S'il est malade, qu'il en crève !

Ce qui ne l'avait pas empêchée de questionner :

— Pourquoi dis-tu ça ?

— C'est fermé, chez lui.

— Ils l'auraient déjà arrêté ?

Un peu plus tard, entre deux clientes, elle alla voir elle-même, colla le visage à la vitre, mais tout paraissait en ordre dans la maison, sauf que le chapeau de Jonas se trouvait sur une chaise de paille.

— Tu n'as pas vu Jonas, Mélanie ? questionna-t-elle en passant devant chez les Chaigne.

— Pas ce matin.

Quand Louis rentra, vers midi, après avoir rangé son triporteur, elle lui annonça :

— On dirait qu'ils ont arrêté Jonas.

— Tant mieux.

— Le bec-de-cane n'est pas sur la porte et on ne voit rien bouger à l'intérieur.

Louis alla boire un verre chez Le Bouc.

— Ils ont arrêté Jonas.

L'agent Benaiche était là, à boire un vin blanc.

— Qui ?

— La police, je suppose.

Benaiche fronça les sourcils, haussa les épaules, fit :

— Curieux.

Puis il vida son verre.

— Je n'ai entendu parler de rien au commissariat.

Il n'y avait que Le Bouc à paraître inquiet. Il ne dit rien mais, après quelques minutes de réflexion, il gagna l'arrière-salle où, près de la porte des lavabos, se trouvait un téléphone mural.

— Donnez-moi le commissariat de police, s'il vous plaît.

— Je le sonne.

— Le commissariat de police écoute.

Il reconnut la voix du brigadier.

— C'est vous, Jouve ?

— Qui est à l'appareil ?

— Le Bouc. Dites donc, c'est vrai que vous avez arrêté Jonas ?

— Le bouquiniste ?

— Oui.

— Je n'ai rien entendu à son sujet ce matin. Mais ce n'est pas moi qui m'en occupe. Attendez un instant.

Sa voix fit, un peu plus tard :

— Personne d'ici ne sait rien. Le commissaire est allé déjeuner, mais Basquin, qui est là, serait au courant.

— Sa porte est fermée.

— Et alors ?

— Je ne sais pas. Personne ne l'a vu ce matin.

— Il vaudrait mieux que je vous passe l'inspecteur. Ne quittez pas.

Et, bientôt, c'était la voix de Basquin.

— Jouve me dit qu'on n'a pas vu Jonas aujourd'hui ?

— Oui. Sa boutique est fermée. Rien ne bouge à l'intérieur.

— Vous pensez qu'il serait parti ?

Ce n'était pas ce que Fernand avait dans la tête, mais il préféra ne pas émettre d'opinion.

— Je ne sais pas. Cela me paraît curieux. C'est un drôle d'homme.

— Je viens.

Quand il arriva, dix minutes plus tard, plusieurs personnes sortirent du bar pour s'approcher de la boutique de Jonas.

L'inspecteur frappa à la porte, d'abord normalement, puis de plus en plus fort, cria enfin, la tête levée vers la fenêtre ouverte du premier étage :

— Monsieur Jonas !

Angèle, qui s'était approchée, n'avait pas son mordant habituel. Louis, chez Fernand, buvait deux verres de *grappa* coup sur coup en grommelant :

— Je parie qu'il s'est terré dans un coin.

Il n'y croyait pas. Il crânait, de l'inquiétude dans ses yeux bordés de rouge.

— Il y a un serrurier dans les environs ? questionna Basquin qui avait en vain secoué la porte.

— Le vieux Deltour. Il habite rue...

Mme Chaigne coupa la parole à celle qui parlait.

— Ce n'est pas la peine de forcer la porte. Il n'y a qu'à passer par le mur de la cour en montant sur une chaise. Suivez-moi, monsieur l'inspecteur.

Elle le conduisit à travers le magasin, puis la cuisine où mijotait un pot-au-feu, jusqu'à la cour encombrée de tonneaux et de caisses.

— C'est au sujet de Jonas ! cria-t-elle, en passant, à son mari qui était dur l'oreille.

Puis :

— Tenez ! Un tonneau fera encore mieux l'affaire qu'une chaise.

Elle restait debout, en tablier blanc, les mains aux hanches, à regarder l'inspecteur qui se hissait sur le mur.

— Vous pouvez redescendre de l'autre côté ?

Il ne répondit pas tout de suite, car il venait de découvrir le petit homme d'Arkhangelsk pendu à la branche qui surplombait sa cour. La

188

cuisine était ouverte, avec, sur la toile cirée de la table, une tasse dans laquelle restait un fond de café et un merle franchit la porte, venant de l'intérieur de la maison, s'envola jusqu'au plus haut du tilleul où il avait son nid.

Golden Gate, Cannes, le 29 avril 1956.

PAPIER À BASE DE
FIBRES CERTIFIÉES

Le Livre de Poche s'engage pour
l'environnement en réduisant
l'empreinte carbone de ses livres.
Celle de cet exemplaire est de :
250 g éq. CO$_2$
Rendez-vous sur
www.livredepoche-durable.fr

Achevé d'imprimer en octobre 2015, en France sur Presse Offset par
Maury-Imprimeur – 45330 Malesherbes
N° d'imprimeur : 201232 – N° d'éditeur : 100008
Dépôt légal 1re publication : octobre 1997
Édition 04 – octobre 2015
LIBRAIRIE GÉNÉRALE FRANÇAISE – 31, rue de Fleurus – 75278 Paris Cedex 06